Fernando Guanarteme Sánchez Lázaro

Kriminalpolitik und Gesetzgebungstechnik

Prolegomena zu einer Dogmatik *de lege ferenda*

Strafrechtswissenschaft und Strafrechtspolitik
Band 24

Strafrechtswissenschaft und Strafrechtspolitik

Band 24

Redaktion: Zekai Dagasan

De Gruyter

Fernando Guanarteme Sánchez Lázaro

Kriminalpolitik und Gesetzgebungstechnik

Prolegomena zu einer Dogmatik *de lege ferenda*

mit einem Geleitwort von Claus Roxin

De Gruyter

Prof. Dr. *Fernando Guanarteme Sánchez Lázaro* ist Professor für Strafrecht an der Universität von La Laguna (Teneriffa).

ISBN 978-3-11-026260-5
e-ISBN 978-3-11-026275-9

Bibliografische Information der Deutschen Nationalbibliothek

Die Deutsche Nationalbibliothek verzeichnet diese Publikation in der Deutschen Nationalbibliografie; detaillierte bibliografische Daten sind im Internet über http://dnb.d-nb.de abrufbar.

Druck: Hubert & Co. GmbH & Co. KG, Göttingen
∞ Gedruckt auf säurefreiem Papier

Printed in Germany

www.degruyter.com

Porque la presente obra, como todo lo que he hecho,
sigue siendo fruto de aquellos esfuerzos,
madrugadas, tardes y noches en las piscinas,

para mi compañero de ahora y entonces,
para mi hermano,

Luis Acayro Sánchez Lázaro.

Inhaltsverzeichnis

Geleitwort

Der Verfasser, der als Strafrechtler an der Universität La Laguna auf Teneriffa tätig und außer mit spanischen auch schon mit verschiedenen deutschsprachigen Veröffentlichungen hervorgetreten ist, unternimmt, wie er in der Einführung ausdrücklich sagt, mit der vorliegenden Schrift den Versuch, meine „programmatische Arbeit" über „Kriminalpolitik und Strafrechtssystem" (2. Auflage 1973, auch in spanischen Ausgaben erschienen) „in ein Gesetzgebungsprogramm zu übertragen".

Er orientiert sich also an den Leitgedanken meiner Schrift. Danach liegt dem Tatbestand das Prinzip der Gesetzesbestimmtheit zugrunde. Die Kategorie der Rechtswidrigkeit formuliert soziale Konfliktslösungen mit Hilfe bestimmter Ordnungsprinzipien. Auf der Deliktsstufe der Schuld sind neben der Handlungsfreiheit auch präventive Gesichtspunkte zu berücksichtigen. Aus kriminalpolitischen Erwägungen solcher Art entwickelt der Verfasser konkrete Vorschläge zur Reform des spanischen Código Penal. Die in Bezug genommenen Bestimmungen des spanischen Gesetzes sind im Anhang der Arbeit in deutscher Übersetzung wiedergegeben.

Für den deutschen Leser liegt der Gewinn der vorliegenden Darstellung zunächst in einer vertieften Einführung in wichtige Vorschriften des spanischen Strafgesetzbuches, die nicht nur erläutert, sondern auch problematisiert werden. Sie ist aber auch ein weiterführender Beitrag zur Gesetzgebungslehre, die seit dem diesem Thema gewidmeten Buch von Peter Noll (1973) sehr vernachlässigt worden ist. Und schließlich ist die Schrift durch die ständige Heranziehung der deutschen Literatur und durch zahlreiche Seitenblicke auf das deutsche StGB auch für eine kritische Betrachtung deutscher Strafgesetzgebung ein anregender Beitrag. Zugleich handelt es sich um ein bemerkenswertes Zeugnis internationaler Zusammenarbeit auf dem Gebiet des Strafrechts.

München, im Januar 2010 *Claus Roxin*

Abkürzungsverzeichnis

a.a.O.	am angegebenen Ort
Abs.	Absatz
ADPCP	Anuario de Derecho Penal y Ciencias Penales
Anm.	Anmerkung
AP	Actualidad Penal
Art.	Artikel
AT	Allgemeiner Teil
Aufl.	Auflage
BGB	Bürgerliches Gesetzbuch
BGH	Bundesgerichtshof
BGHSt	Entscheidungen des Bundesgerichtshofes in Strafsachen
BT	Besonderer Teil
BVerfGE	Entscheidung des Bundesverfassungsgerichts
bzw.	beziehungsweise
CDJ	Cuadernos de Derecho Judicial
CPC	Cuadernos de Política Criminal
CP	Código Penal
ders.	derselbe
dies.	dieselbe
d.h.	das heißt
Diss.	Dissertation
DP	Derecho Penal/Diritto Penale
f., ff.	folgende
Fn.	Fußnote
FS	Festschrift
GA	Goltdammer‘s Archiv für Strafrecht
GS	Gedächtnisschrift
Hrsg.	Herausgeber
JA	Juristische Arbeitsblätter
JR	Juristische Rundschau

Jura	Juristische Ausbildung
JuS	Juristische Schulung
JZ	Juristen Zeitung
LG	Landesgericht
LK	Leipziger Kommentar zum Strafgesetzbuch
MschrKrim	Monatsschrift für Kriminologie und Strafrechtsreform
m.w.N.	mit weiteren Nachweisen
NJW	Neue Juristische Wochenschrift
NK	Nomos Kommentar zum Strafgesetzbuch
Nr.	Nummer
NStZ	Neue Zeitschrift für Strafrecht
PE	Parte Especial
PG	Parte General/Parte Generale
PJ	Poder Judicial
RDCir	Revista de Derecho de la Circulación
RDP	Revista de Derecho penal
RDPC	Revista de Derecho Penal y Criminología
Rn.	Randnummer
RP	Revista Penal
S.	Seite
SK	Systematischer Kommentar zum Strafgesetzbuch
SJZ	Schweizerische Juristenzeitung
SchZSt	Schweizerische Zeitschrift für Strafrecht
spanStGB	spanisches Strafgesetzbuch
StGB	Strafgesetzbuch
STS./S.	Sentencia/as del Tribunal Supremo
STC./S.	Sentencia/as del Tribunal Constitucional
StV	Strafverteiger
v.	vom; von
vgl.	vergleiche
wistra	Zeitschrift für Wirtschaft, Steuer, Strafrecht
z.B.	zum Beispiel
ZStW	Zeitschrift für die gesamte Strafrechtswissenschaft

A. Einführung*

Auf den folgenden Seiten wird der Versuch unternommen, die programmatische Arbeit von Claus *Roxin*, Kriminalpolitik und Strafrechtssystem, in ein Gesetzgebungsprogramm zu übertragen. Es handelt sich um eine aktualisierte Übertragung, so dass neben anderen Werken bei der Tatbestandsmäßigkeit die Kritik von *Amelung* übernommen und bei der Rechtswidrigkeit auf die Beiträge von *Pawlik* oder *Baldó Lavilla* Bezug genommen wird. Es soll lediglich zum Ausdruck gebracht werden, dass die kriminalpolitischen Werke, an denen sich die Diskussion *de lege lata* in den letzten vierzig Jahren vor allem ausrichtete, auch die Grundlagen für die Entwicklung einer dogmatischen Diskussion *de lege ferenda* bieten. Die Arbeit besteht aus drei Teilen:

Im ersten Teil soll die Gesetzgebungstechnik grundsätzlich an zwei elementaren rechtsstaatlichen Prinzipien gemessen werden: erstens am Verhältnismäßigkeitsgrundsatz, demzufolge „strafbares (strafwürdiges und strafbedürftiges) Unrecht" voraussetzt, dass ein „gesteigertes Unrecht"[1] vorliegt, dem nur mittels eines Straftatbestands wirksam begegnet werden kann, und zweitens am Grundsatz der Gesetzesbestimmheit.[2] Anhand dieser beiden Maßstäbe werden einige Institutionen des Allgemeinen und Besonderen Teils kritisch überprüft, da, wie wir sehen werden, in der Missachtung dieser Prinzipien – neben weiteren Gründen – die Ursache für die enormen Schwierigkeiten liegt, die eine Rechtsfigur wie die Anstiftung bereitet. Der Rahmen der vorliegenden Untersuchung bringt es mit sich, dass weitere Prinzipien erst am Rande berücksichtigt werden. Dennoch darf die Bedeutung weiterer Grundsätze für die Tatbestandsbildung nicht unterschätzt werden. Dies zeigt sich beispielsweise bei der Rechtsfigur der Mittäterschaft. So gibt es im Völkerstrafrecht eine erweiterte Form der „Mittäterschaft kraft Beteiligung an einem kriminellen Zweckverbund".[3] Es handelt sich mit den Worten von *Vogel* um eine „an der Grenze von bewusster Fahrlässigkeit und bedingtem Vorsatz liegende Mitwirkung an noch

---

* Für die Übersetzung danke ich herzlich *Bettina Beck*. Für die Korrektur des Manuskripts danke ich herzlich *Andreas Hoyer* und *Gertrud Weinriefer*. Die vorliegende Arbeit ist im Rahmen des folgenden Forschungsprojekts verwirklicht worden: „Proyecto de investigación de Derecho penal y nuevas tecnologías: sobre los intentos de adaptación del Derecho penal al desarrollo social y tecnológico. Ministerio de Educación y Ciencia (SEJ2005-07489/JURI)", dem für die Förderung dieses Werkes zu danken ist.

1 *Amelung*, in: Grundfragen des modernen Strafrechtssystems, 1984, S. 87.

2 *Roxin*, Kriminalpolitik und Strafrechtssystem, 1973, S. 15 ff.

3 Eingehend *Vogel*, ZStW 114 (2002), 403 ff., 420 ff. Ebenso siehe *Roxin*, AT I, S. 170.

unbestimmter, wenngleich bestimmbarer Tat durch auch nur mittelbare Förderung".[4] *De lege ferenda* müssen bei der Tatbestandsbildung für eine solche Rechtsfigur die Kriterien im Vordergrund stehen, auf denen die gegenseitige Unrechtszurechnung zwischen den Handelnden beruhen soll. Deshalb erscheint es zweckmäßig, dass die Entwicklung der Beteiligungsformen, insbesondere der Mittäterschaft und der Teilnahme, *de lege ferenda* die Kriterien übernimmt, die in der Rechtsdogmatik und -sprechung bereits *de lege lata* herangezogen werden.

Im zweiten Teil des Werks geht es um die Untersuchung verschiedener Vorschriften, die dogmatisch in die Rechtswidrigkeit eingegliedert sind, und zwar aus der Perspektive der materiellen Ordnungsprinzipien, „die in verschiedenartiger Abwandlung den Inhalt der Rechtfertigungsgründe bestimmen und deren Zusammenspiel im konkreten Fall das Urteil über die soziale Nützlichkeit oder Schädlichkeit eines Verhaltens, über Rechtfertigung oder Unrecht, festlegt".[5] Es wird also de lege ferenda eine Systematisierung der Rechtfertigungsgründe durch eine stärkere Orientierung an solchen Prinzipien angestrebt. Anstoß für diese Überlegungen hat die darüber geführte lebhafte wissenschaftliche Kontroverse gegeben. Dem dogmatischen Diskurs wird dabei eine eigenständige Rolle im Gesetzgebungsverfahren zuerkannt.[6] Wenn die Konfliktsituation, die bei den Rechtfertigungsgründen nach den materiellen Ordnungsprinzipien aufzulösen ist, stärker in den Blick genommen wird, dann lassen sich auch die gesetzlichen Duldungspflichten genauer festlegen.[7]

Auf der Schuldstufe schließlich wird sich zeigen, dass eine klare Festschreibung von „spezial- und generalpräventiven legislatorischen Erwägungen" es ermöglicht, die bisherige konturlose Rechtsprechung zur Berücksichtigung

4 *Vogel*, ZStW 114 (2002), 421.

5 *Roxin*, Kriminalpolitik und Strafrechtssystem, 1973, S. 26 ff.

6 *Gimbernat Ordeig*, Concepto y método, 1999, S. 117 ff. Ebenso siehe *Roxin*, Täterschaft und Tatherrschaft, 2000, S. 539 ff., 544 f.: „Da die Ergebnisse unserer Arbeit nicht allgemein anerkannt sind, kann ihre ausdrückliche Aufnahme in ein Gesetz praktisch vorerst kaum in Frage kommen [...]. Aber auch wenn es anders wäre, könnte man Zweifel haben, ob detailliertere Kodifikationen in diesem Bereich zweckmäßig sind. Sie erleichtern dem Richter die Handhabung des Gesetzes, aber sie erschweren die Überwindung von Irrtümern und die Berücksichtigung neuer Erkenntnisse. Vieles spricht dafür, daß der Gesetzgeber dem Rechnung tragen sollte. Denn ein gutes Gesetz dauert in der Zeit. Die Wissenschaft aber schreitet fort, und ihre Arbeit wird nie zu Ende sein". In Bezug auf den dogmatischen Diskurs *Hoyer*, Strafrechtsdogmatik, 1997, S. 407.

7 Erklärend *Pawlik*, Der rechtfertigende Notstand, 2002, S. 1 ff., 9 ff., 29 ff.; zur Bedeutung der Notstandslage siehe dort S. 152 ff.

präventiver Aspekte einzugrenzen.[8] In diesem Zusammenhang wird auch dargelegt, dass der *nullum crimen*-Satz eine stärkere Einbeziehung außerstrafrechtlicher Erkenntnisse verlangt,[9] und dass auch auf der Schuldstufe eine Systematisierung der Strafmilderungs- und -schärfungsgründe erforderlich ist.

Denkbar ist – unter anderem – der Einwand, damit eine weitere Vorfrage vernachlässigt zu haben, nämlich die nach den Voraussetzungen von Strafwürdigkeit und -bedürftigkeit. Diese Vorfrage kann nur mit Hilfe von kriminalpolitischen Prinzipien beantwortet werden, die sich von den übrigen Kategorien der Verbrechenslehre unterscheiden.[10] Dem ist entgegenzuhalten, dass sich diese Arbeit auf bloße Vorüberlegungen beschränkt, denen bald weitere Beiträge folgen werden. Diese werden sich nicht mehr nur damit zu beschäftigen haben, welche Merkmale einer bestimmten Deliktsebene zuzuordnen sind, sondern darüber hinaus wissenschaftlich klären, wann restriktive und wann extensive Gestaltungen von Tatbeständen oder Rechtfertigungsgründen angebracht sind. Es geht also um theoretische Überlegungen, die nicht auf die Auslegung des Gesetzes, sondern auf die Anleitung des Gesetzgebers abzielen. Dazu darf ich insbesondere auf die in Kürze erscheinende Schrift von *Navarro Frías* verweisen.[11]

Punta del Hidalgo (Teneriffa), 18.11.2006

---

8 *Roxin*, Kriminalpolitik und Strafrechtssystem, 1973, S. 47 f.; *ders.*, PG, S. 724 ff., der auch auf die strafbegrenzende Funktion des Schuldprinzips hinweist.

9 So bereits *Torío López*, Estudios en honor de Pérez Vitoria, 1983, S. 974 f., 980. Im Allgemeinen siehe ebenso *Cuerda Riezu*, El legislador y el Derecho penal, 1991, S. 45, 67 ff. Kritisch hingegen *Frister*, Schuldelement, 1993, S. 172 ff., 176, der die Frage aufwirft, „ob es nicht besser wäre, mit der Formulierung eines als Zurechnungskriterium geeigneten allgemeinen Begriffs der Zurechnungsfähigkeit auf die Orientierung an den Eingangsmerkmalen ganz zu verzichten“. Zum Verhältnis zwischen Rechtswissenschaften und Psychiatrie siehe im Übrigen *Urruela Mora*, Imputabilidad penal, 2004, S. 193 ff.

10 In diesem Sinne, kritisch zu *Roxin* siehe bereits Muñoz Conde, Introducción, S. 11.

11 *Navarro Frías*, Técnica legislativa y tipicidad penal, im Erscheinen.

B. Tatbestand

I. Einführung

Kritik und Vorschläge zur Reform des positiven Rechts können nicht ohne tiefgreifende Kenntnis desselben erfolgen.[1] Die Einführung einer neuen Vorschrift in das StGB, sei es in den Allgemeinen oder Besonderen Teil, darf nicht bloßer Intuition oder einer unbedachten politischen Reaktion entspringen.[2] Vielmehr sollte eine Vorschrift, deren Rechtsfolge eine langjährige Freiheitsstrafe sein kann, auf einem rationalen Diskurs beruhen, an dem im Interesse größerer Legitimität auch die Strafrechtswissenschaft zu beteiligen ist.[3] Dabei kommt der Wissenschaft die Aufgabe zu, die kriminalpolitische Zweckmäßigkeit einer künftigen Norm zu analysieren und an ihrer technischen Gestaltung beratend mitzuwirken. Bekanntlich geschieht dies jedoch nur selten, wie sich am Beispiel wichtiger Strafrechtsnormen wie Art. 11 (Begehen durch Unterlassen) und Art. 28b (Hauptgehilfe) spanStGB zeigt, die beide zu erheblichen Schwierigkeiten bei der Rechtsanwendung geführt haben. Üblicherweise rea-

---

1 *Cerezo* Mir, PG I, S. 89.

2 In Bezug auf rein reaktive Gesetze siehe *Díez Ripollés*, AP 2001, Rn. 16 f. Kritisch siehe auch *Amelung*, ZStW 92 (1980), 60 f.; *Madrid Conesa*, La legalidad del delito, 1983, S. 236; *Stächelin*, Strafgesetzgebung im Verfassungsstaat, 1998, S. 116 f., der auf den Mangel an Distanz zum Gegenstand der Regelung und auf das Rationalitätsdefizit derselben hinweist.

3 Zu Recht *Vogel*, FS für Roxin, 2001, S. 107 ff. Ebenso siehe *Amelung*, ZStW 92 (1980), 21; Díez Ripollés, Jueces para la Democracia 1997/30, 14 ff.; Madrid Conesa, La legalidad del delito, 1983, S. 248; Noll, Gesetzgebungslehre, 1973, S. 70 ff.; Silva Sánchez, RDPC 2002/9, 9 f.; Stächelin, Strafgesetzgebung im Verfassungsstaat, 1998, S. 285. Zu weiteren Nachweisen siehe Sánchez Lázaro, Política criminal y técnica legislativa, 2007, S. 2. Zum fortschreitenden Bedeutungsverlust der fachlichen Beteiligung an der Strafgesetzgebung und dem daraus folgenden Ansehensverlust für das Gesetzgebungsverfahren Díez Ripollés, Homenaje a Cerezo Mir, 2002, S. 305 ff. Ebenso siehe Paredes Castañón, RDPC 2003/11, 110 f., der die Notwendigkeit einer stärkeren politisch-moralischen Reflexion betont.

Für ein rationaleres Modell der Strafgesetzgebung siehe zuletzt *Díez Ripollés*, Homenaje a Cerezo Mir, 2002, S. 305 ff.; *ders.*, Doxa 2001/24, 500 ff., der verschiedene Möglichkeiten der fachlichen Beteiligung in den einzelnen Phasen des Gesetzgebungsverfahrens skizziert, um dessen Rationalitätsgehalt zu erhöhen. Ebenso siehe Soto Navarro, La protección penal de los bienes colectivos, 2003, S. 83 ff., 131 ff., 147 ff. Allgemein siehe *Atienza*, Contribución a una teoría de la legislación, 1997, S. 64 ff., der traditionelle Gesetzgebungsmodelle kritisiert und Vorschläge zu ihrer Weiterentwicklung entwirft.

giert die Strafrechtswissenschaft auf solche Gesetzesmängel in zweifacher Hinsicht:[4] Zum einen versucht sie, diese mit Hilfe von Auslegungsvorschlägen *de lege lata* zu kompensieren. Dieses Vorgehen, die Interpretation und die Einordnung in das System der übrigen strafrechtlichen Vorschriften, bildet den traditionellen Gegenstand der Strafrechtswissenschaft.[5] Zum anderen entwickelt sie *de lege ferenda* Vorschläge zur Reform der kritisierten Gesetzesnorm. In Bezug auf diese kriminalpolitischen Bemühungen um alternative Regelungsmodelle ist allerdings festzustellen, dass sie trotz ihrer Tradition und ihrer Bedeutung noch auf keiner hinreichend festen theoretischen Basis aufbauen und jeweils nur ad hoc erfolgen.

Bei der Abfassung von Normen bzw. Alternativvorschlägen dazu können sich also weder der Gesetzgeber noch die Strafrechtswissenschaft auf einen gesicherten Bestand an allgemeinen Leitprinzipien stützen, die ihnen dabei eine Orientierung ermöglichten.[6] Demzufolge begnügen sich Gesetzgeber und Strafrechtswissenschaft mit einem eher intuitiven Vorgehen und knüpfen lediglich an die bisherige Behandlung der betreffenden Materie in Rechtsprechung und Lehre an.[7] Dies reicht aber noch nicht aus, weil die Gestaltung eines Strafgesetzes einer weiteren Perspektive als einer nur auf das Einzelproblem konzentrierten bedarf. Auch darf sie sich nicht auf den Erkenntnisstand von Rechtsprechung und Lehre zu diesem Einzelproblem beschränken, sondern muss auf einer breiteren und fachlich fundierten Grundlage fußen.

So darf nicht übersehen werden, dass die Rechtsnatur einer Vorschrift darüber entscheidet, inwiefern beispielsweise das Gesetzlichkeitsprinzip Anwendung findet[8]. Während eine Analogie auf der Tatbestandsebene unzulässig wäre,[9] kommt sie bei den Strafmilderungsgründen durchaus in Betracht. Daher stößt eine im Katalog der Strafmilderungsgründe enthaltene Vorschrift wie Art. 21.6

4 Vgl. *Cerezo Mir*, PG I, S. 71 ff., 88 ff.

5 Statt aller *Gimbernat Ordeig*, Concepto y metodo, 1999, S. 36 ff., 105 ff.

6 Kritisch dazu *Cuerda Riezu*, El legislador y el Derecho penal, 1991, S. 66 f., 74 ff., 85; *Díez Ripollés*, AP 2001, Rn. 22; *ders*., Doxa 2001/24, 491 ff., 515 ff.; *Madrid Conesa*, La legalidad del delito, 1983, S. 212; *Maihofer*, in: Gesetzgebung, 1981, S. 24; *Trifterer*, GS für Schröder, 1978, S. 505, 507; *Vogel*, Juristische Methodik, 1998, S. 197; zu weiteren Nachweisen siehe *Sánchez Lázaro*, Política criminal y técnica legislativa, 2007, S. 5.

7 Zum Problemimpuls *Noll*, Gesetzgebungslehre, 1973, S. 72 ff.; zuletzt siehe ebenso *Díez Ripollés*, Homenaje a Cerezo Mir, 2002, S. 296 ff.

8 Eingehend *Cerezo Mir*, PG I, S. 198 ff.

9 Vgl. *Cerezo Mir*, PG I, S. 172. Ebenso siehe *Muñoz Conde*, Introducción, S. 11; *Schünemann*, Homenaje a Claus Roxin, 1995, S. 222.

spanStGB entgegen der herrschenden Auffassung auf keine Bedenken.[10] Vor allem ist zu beachten, dass die dogmatischen Kategorien der Verbrechenslehre – das heißt Tatbestandsmäßigkeit, Rechtswidrigkeit und Schuld – auf unterschiedlichen Rechtsgrundsätzen beruhen und verschiedenen kriminalpolitischen Zwecken dienen[11] und dass sich diese Differenziertheit bei der Gestaltung der einzelnen Vorschriften entsprechend abbilden muss, je nachdem in welche der drei Deliktskategorien die Vorschrift eingeordnet werden soll.[12] Trotz ihrer Bedeutung haben diese Fragen noch nicht die ihnen gebührende Aufmerksamkeit in der Strafrechtswissenschaft gefunden. Zwar ist ein allmählich wachsendes Interesse daran zu verzeichnen, ohne dass aber die jeweils spezifischen Leitprinzipien für die gesetzliche Gestaltung eines komplexen Straftatbestands, eines Rechtfertigungsgrunds oder einer dritten Teilnahmeform neben Anstiftung und Beihilfe bereits herausgearbeitet worden wären. Mit anderen Worten geht es um die Entwicklung von dogmatischen Modellen und Konstruktionen, welche die gesetzlichen Formulierungen der strafrechtlichen Vorschriften leiten sollen, um auf diese Weise dem Gesetzgeber und der Wissenschaft Kriterien für eine Aufgabe an die Hand zu geben, bei der häufig Fehler begangen werden.[13]

Wir beginnen mit der Tatbestandsmäßigkeit.

II. Einige Probleme des Allgemeinen Teils

Der Tatbestand bildet in der Systematik der Verbrechenslehre die erste Stufe, auf der die Verhaltensweisen erfasst sind, an die sich als Rechtsfolge eine Strafe knüpft.[14] Als Verhaltensnorm verstanden könnte er auch als jenes Element der Verbrechenslehre definiert werden, mit dem beschrieben und charakterisiert wird, was das Verbotsobjekt darstellt, nämlich das von den strafrechtli-

---

10 Vgl. *Cerezo Mir*, PG I, S. 213 f.

11 Grundlegend *Roxin*, Kriminalpolitik und Strafrechtssystem, 1973.

12 Bereits *Amelung*, ZStW 92 (1980), 42 f.

13 In diesem Sinne sprach bereits *Noll*, Gesetzgebungslehre, 1973, S. 15, von einer (Straf)gesetzgebungslehre, verstanden als diejenige Disziplin, die die Form und den Inhalt der strafrechtlichen Normen mit dem Ziel erforscht, Kriterien, Richtlinien und Anweisungen für eine rationalere Ausarbeitung und Gestaltung derselben zu erreichen. Ähnlich konkretisiert *Maihofer*, in: Gesetzgebung, 1981, S. 24, den Gegenstand der Gesetzgebungslehre als „das Verhalten des Gesetzgebers, wie es sein soll". Kritisch dazu *Atienza*, Contribución a una teoría de la legislación, 1997, S. 18 f., der zwischen Gesetzgebungstechnik und Gesetzgebungslehre unterscheidet. Gegenstand der letzteren sei die „Reflexion über Probleme eher abstrakter und begrifflicher Natur, ohne dass damit zumindest kurzfristig eine Zielsetzung praktischer Art verfolgt wird." (S. 23).

14 Vgl. *Roxin*, AT I, S. 280 ff.

chen Normen verbotene Verhalten. Auf jeden Fall wird dem Tatbestand eine Garantie- und Präventivfunktion zuerkannt. Darüber hinaus soll er zum Ausdruck bringen, an welches Verhalten die schärfste Reaktionsform unserer Rechtsform, nämlich die Strafe, gebunden ist.[15] Der Tatbestand *erklärt und begrenzt* jenen Sektor der gesellschaftlichen Realität, dem – aus unterschiedlichen kriminalpolitischen Gründen – deliktischer Charakter zugeschrieben wird, und dessen Umsetzung durch die Androhung von Strafe verhindert werden soll.

In jeder der angegebenen Bedeutungen, die dem Tatbestandsbegriff zugeschrieben werden, zeigt sich, dass die sogenannte Tatbestandslehre unter dem (allerdings nicht immer beachteten[16]) Leitmotiv der Gesetzesbestimmtheit entwickelt worden ist,[17] wobei der materielle Inhalt zugunsten größtmöglicher Bestimmtheit vernachlässigt wurde. Denn die Entwicklung einer dogmatischen Kategorie, in der sämtliche Beschreibungen der strafrechtlichen Verbotsmaterie enthalten sind, bezweckt vor allem – zumindest seit dem entscheidenden Beitrag von *Beling*[18] – eine möglichst klare und präzise Abgrenzung des Bereichs des Strafbaren; sogar noch vor seiner Erklärung als strafbares Unrecht. Aus diesem Grund kommt in der wissenschaftlichen Diskussion über Konzepte und Rechtsinstitute auf der Ebene des Tatbestands, wie beispielsweise der Beteiligungsformenlehre, dem Argument der Rechtssicherheit verständlicherweise besondere Relevanz zu – eine höhere sogar noch als systematischen oder Verhältnismäßigkeitsargumenten. Denn bei der Tatbestandstheorie geht es vor allem darum, klar zu umreißen, welches Verhalten strafbar sein soll.

Trotz der eigenständigen Bedeutung der Dogmatik ist die Festsetzung und Abgrenzung des Tatbestands eine Aufgabe des Gesetzgebers. Dieser legt mittels der Beschreibung eines Sachverhalts und seiner Verknüpfung mit einer Strafe in einer Rechtsnorm den Rahmen für die wissenschaftliche Diskussion fest.[19] Dies wird besonders hinsichtlich der verschiedenen Straftatbestände im Be-

---

15 In diesem letzten Sinn, *Amelung*, in: Grundfragen des modernen Strafrechtssystems, 1984, S. 87, der dem Tatbestand eine Funktion der Beschreibung und Abgrenzung „eines strafbaren (strafwürdigen und strafbedürftigen) Unrechts als erschwertes Unrecht“ zuschreibt. Ebenso siehe *Schünemann*, Homenaje a Claus Roxin, 1995, S. 221. Ähnlich siehe bereits *Stratenwerth*, MschrKrim 1972, 197.

16 Zur Krise des Gesetzlichkeitsgrundsatzes bei Beginn des totalitären Regimes siehe *Cerezo Mir*, PG I, S. 201 ff.

17 Statt aller *Roxin*, Kriminalpolitik und Strafrechtssystem, 1973, S. 15 ff.

18 *Beling*, Die Lehre vom Verbrechen, 1906, S. 21 ff.

19 Zur Rechtschöpfungsfunktion der Dogmatik *Baldó Lavilla*, Homenaje a Claus Roxin, 1997, S. 360 ff.

sonderen Teil des spanStGB deutlich. Man denke beispielsweise an die Kontroversen bezüglich der Verhaltensweisen, die unter Art. 139 oder 368 (Mord oder Drogenhandel) subsumierbar sind, insbesondere an die Probleme bei der Feststellung ihres objektiven Tatbestands. Darüber hinaus wirken auch die Regelungen im Allgemeinen Teil auf den Inhalt des Tatbestands ein, denn hier gibt es durchaus Bestimmungen, die gegenüber dem Besonderen Teil zu einer Tatbestandserweiterung führen.

Das gilt für jene strafrechtlichen Vorschriften, die den strafbaren Bereich definieren, indem sie auf Tatbestände des Besonderen Teils verweisen und diese erweitern, wie es beispielsweise beim Versuch oder den Teilnahmeformen geschieht.[20]

Die besondere Platzierung dieser Vorschriften und die Art der Verweisungstechnik ändern nichts daran, dass es sich auch bei ihnen um Tatbestände handelt. Bei der Konzeption und Abfassung dieser Vorschriften gelten deshalb die gleichen – allgemeinen – Rechtsprinzipien wie bei den im Besonderen Teil enthaltenen Straftatbeständen.

Die Strukturen und Inhalte dieser Rechtsinstitute werden genauso wie im Besonderen Teil des Strafgesetzbuches durch – die Einführung und Kombination von – zwei Arten von Merkmalen gebildet: deskriptiver und solcher, die hier als unwerthaltig bezeichnet werden könnten. Die deskriptiven Merkmale sind jene, welche die Abgrenzung des strafrechtlichen Rechtsinstituts als empirische oder normative Realität gestatten, indem sie Elemente enthalten, die einer empirischen oder normativen Überprüfung fähig sind und das „äußere" Bild des Rechtsinstituts prägen. Ein Beispiel für diese deskriptiven Merkmale gibt Art. 28 a) spanStGB ab, indem dort nicht lediglich eine Beteiligung durch schlichtes Mitwirken verlangt wird, sondern ein unmittelbares Anstiften zur Tatausführung.[21] Allein mittels deskriptiver Merkmale wird auch der Versuch (Art. 16.1 des spanStGB) als diejenige Handlung definiert, durch die der Täter die „*Ausführung der Straftat unmittelbar durch äußere Handlungen beginnt* und *alle oder einen Teil der Handlungen* vornimmt, die objektiv den Erfolg herbeiführen würden". Hingegen sind die als unwerthaltig bezeichneten Merkmale diejenigen, die den Unwertgehalt des Rechtsinstituts umschreiben,[22]

20 Siehe etwa *Cerezo Mir*, PG III, S. 183; *Roxin*, Kriminalpolitik und Strafrechtssystem, 1973, S. 19 f.; *Torío López*, in: Presupuestos para la reforma penal, 1992, S. 170 f.

21 In Bezug auf § 26 StGB siehe SK / *Hoyer*, § 26 Rn. 10 ff.

22 Diese Klassifizierung weicht von der herkömmlichen Unterscheidung zwischen deskriptiven und normativen Merkmalen ab, wobei unter letzteren die Gesamtheit der Komponenten, die ein Werturteil in sich tragen, verstanden wird; siehe etwa *Cerezo Mir*, PG II, S. 116 ff.; *Muñoz Conde / García Arán*, PG, S. 256 f. Über ihre Entwicklung siehe ausführlich *Roxin*, Teoría del tipo penal, 1979, S. 56 ff. Kritisch *Stächelin*, Strafgesetzgebung im Verfassungsstaat, 1998, S. 224. Ebenso siehe *Roxin*, AT I,

d.h. durch die das Rechtsinstitut als „strafbares (strafwürdiges und -bedürftiges) Unrecht, als erschwertes Unrecht“[23] materiell gekennzeichnet werden kann. Die unwerthaltigen Merkmale ermöglichen es, ein bestimmtes Risiko als strafrechtlich unerlaubt festzulegen und die Unwertdifferenz zwischen privilegierten und qualifizierten Tatbeständen zu charakterisieren.

Auch wenn rein deskriptive Merkmale relativ häufig sind, so weisen doch auch die unwerthaltigen Merkmale meistens eine zusätzliche beschreibende Qualität auf. Das ist zum Beispiel der Fall bei Merkmalen wie Heimtücke, Grausamkeit oder der Mitwirkung an einer Tat „durch eine Handlung, ohne die sie nicht verwirklicht worden wäre“, wie es in Art. 28 b) des spanStGB bezüglich des Hauptgehilfen festgelegt ist. Diese Tatbestandsmerkmale dienen nicht nur einer präzisen Beschreibung der strafbaren Handlung, sondern vornehmlich der Erfassung ihres Unwertgehalts[24] sowie der Festlegung materieller Unterschiede zu anderen Rechtsinstituten – wie etwa der Beihilfe – und sonstiger gesetzlich mit Strafe bedrohter Verhaltensweisen.

Offensichtlich ist die Entscheidung für eine der beiden Arten von Merkmalen keine Frage der Beliebigkeit. So unterliegt der Gesetzgeber im Rahmen der Tatbestandsmäßigkeit bei der Wahl zwischen diesen Merkmalen dem Bestimmtheitsgebot sowie dem Verhältnismäßigkeitsprinzip.[25] Daher geht es bei der gesetzlichen Gestaltung eines Rechtsinstituts im Allgemeinen Teil oder eines Straftatbestands im Besonderen Teil nicht um die willkürliche Entschei-

---

S. 308 f.; *Torío López*, Estudios en memoria de Valle Muñiz, 2001, S. 817 ff., der die Auffassung vertritt, dass die Dichotomie zwischen deskriptiven und normativen Merkmalen überwunden werden muss zugunsten einer Verbindung zwischen teleologisch und naturwissenschaftlich geprägten Merkmalen. Die hier vorgeschlagene Unterscheidung zwischen deskriptiven und unwerthaltigen Merkmalen versucht zu verdeutlichen, dass nicht jegliches deskriptive oder normative Merkmal eines Tatbestands (wie die Begriffe „Handlung“ oder „Notwendigkeit“) darauf abzielt, den Unwertgehalt eines Rechtsinstituts auszudrücken, sondern auch seine bloße Beschreibung als empirische oder normative Realität bezwecken kann.

23 In diesem Sinne *Amelung*, in: Grundfragen des modernen Strafrechtssystems, 1984, S. 87.

24 Nur wenn dieser zweite Aspekt berücksichtigt wird, kann die Gesetzgebungstechnik als eine Form der „umgekehrten Subsumtion“ bezeichnet werden, siehe etwa *Maihofer*, in: Gesetzgebung, 1981, S. 25; denn es geht nicht darum, eine bestimmte Art von Verhaltensweisen in einem Straftatbestand zu beschreiben. Es geht vielmehr darum, ihren Unwert tatbestandlich zu erfassen. Kritisch *Vogel*, FS für Roxin, 2001, S. 113. Zuvor siehe ebenso *Cuerda Riezu*, El legislador y el Derecho penal, 1991, S. 80 f., der bemerkt, dass „die gesetzgeberische Tätigkeit darin besteht, eine Auswahl zu treffen zwischen den aus der Rechtsordnung ableitbaren Vorbewertungen und gesellschaftlichen Anschauungen. Darüber hinaus bedarf es einer Abschätzung über die möglichen Rechtsfolgen seiner gesetzgeberischen Arbeit“.

25 Vgl. *Roxin*, AT I, S. 170.

dung zwischen der einen und der anderen Merkmalsart. Es handelt sich auch nicht um eine Frage strenger Logik oder linguistischer Technik.[26] Bei der Abfassung der gesetzlichen Regelungen ist eine möglichst exakte Abgrenzung des strafbaren Bereichs anzustreben.[27] Darüber hinaus müssen der Tatbestand und die konkrete Rechtsfolge axiologisch schlüssig aufeinander abgestimmt werden. Der Gesetzgeber muss also deskriptive und unwerthaltige Merkmale so miteinander kombinieren, dass der Unwertgehalt des Rechtsinstituts mit größtmöglicher Bestimmtheit erfasst wird.[28]

Aus diesem Bestimmtheitsgrundsatz folgt bereits ein notwendiger Vorrang der deskriptiven und unwerthaltigen objektiven Merkmale gegenüber den subjektiven bei der gesetzlichen Gestaltung der strafrechtlichen Vorschriften. Die subjektiven Merkmale dagegen bringen trotz ihrer vermeintlichen Eignung zur Definition des Unwertgehalts der Straftatbestände[29] oder zu seiner Beschreibung größere Schwierigkeiten – wenn nicht sogar unüberwindliche Hindernisse – bei ihrer Konkretisierung mit sich,[30] und zwar aufgrund der Unmöglichkeit des Zugangs zum aktiven Bewusstsein der an der Begehung einer Straftat Beteiligten und allgemein zum subjektiven Bereich, dem diese Elemente zuzu-

---

26 Hinsichtlich der zur Gestaltung der Vorschriften zu verwendenden Terminologie siehe *Noll*, Gesetzgebungslehre, 1973, S. 244 ff., 258 ff. Zuletzt *Paredes Castañón*, RDPC 2003/11, 158 Fn. 187, der auf die Zweckmäßigkeit hinweist, „jene Termini und Ausdrücke [zu gebrauchen], die einen klareren semantischen Kern besitzen, was bedeutet, dass Ausdrücke voller empirischem Bezug gegenüber bloß bewertenden oder abstrakten zu bevorzugen sind, wo immer dies möglich erscheint." Ebenso siehe *Madrid Conesa*, La legalidad del delito, 1983, S. 215 f. In jedem Fall wird die Tauglichkeit oder Geeignetheit der Gesetzessprache nicht nach ästhetischen oder literarischen Kriterien, sondern ausgehend von der Funktion der Norm beurteilt. Mir den Worten von *Noll*, Gesetzgebungslehre, 1973, S. 246: „Gut [ist] die ihrer Funktion angemessene Gesetzessprache". Ebenso siehe *Klug*, in: Rationalisierung der Gesetzgebung, 1984, S. 41 ff.; *Triffterer*, GS für Schröder, 1978, S. 505, 511 f.

27 *Roxin*, AT I, S. 170.

28 Denn es ist der Gesetzgeber, nicht der Rechtsanwender, der den wesentlichen Inhalt des Rechts zu bestimmen hat, obwohl „der Gesetzlichkeitsgrundsatz der Straftaten und Strafen ein Grundsatz ist, der nie vollkommen verwirklichbar ist", wie *Cerezo Mir*, PG I, S. 206, zu Recht bemerkt. Der Gesetzgeber muss eine Formel entwickeln, anhand derer sich der Grad der Verwirklichung des Bestimmtheitsgrundsatzes so exakt bemessen lässt, dass die Vorschrift eine größere Anzahl von eindeutigen als von zweifelhaften Fällen erzeugt, und die Regelung umso richtiger ist, je stärker das Übergewicht dieser im Verhältnis zu jenen ausgeprägt ist; siehe so *Noll*, Gesetzgebungslehre, 1973, S. 185 f. Zur Relativierung des Bestimmtheitsgebots siehe *Cuerda Riezu*, Estudios en memoria de Valle Muñiz, 2001, S. 172 ff.; *Lenckner*, in: Tradition und Fortschritt im Recht, 1997, S. 253 ff.; *Silva Sánchez*, La expansión del Derecho penal, 2001, S. 100; *Stächelin*, Strafgesetzgebung im Verfassungsstaat, 1998, S. 213 ff.

29 So siehe *Romeo Casabona*, Estudios en memoria de José María Lidón, 2002, S. 535.

30 Zu Recht *Muñoz Conde*, Prólogo, S. 9 f. Eingehend *Díez Ripollés*, Los elementos subjetivos del delito, 1990, S. 51 ff.

ordnen sind. Daher wird ein Gutteil der tatbestandlichen Strukturen, die in den Vorschriften mit einer Überfülle von subjektiven Elementen gestaltet werden, in letzter Instanz dem Ermessen der unterschiedlichen Rechtsanwender überlassen, und zwar mangels ausreichender gesetzlicher Bezugsparameter objektiver Natur, die eine gewisse Rationalität – im Sinne von Intersubjektivität – bei der Kontrolle der Entscheidungen erlauben.

So verhält es sich zum Beispiel, wenn eine Beteiligungsform, anstatt durch objektive Merkmale wie der angeführten „Handlung, ohne die [die Ausführung der Tat] nicht verwirklicht worden wäre", durch subjektive Merkmale wie etwa einen „*animus auctoris*" abgegrenzt würde. Dann würden durch die Einführung dieses letztgenannten Elements in eine Legaldefinition die Konturen der konkreten Beteiligungsform vollständig verwischt, denn dieses subjektive Element – „*animus auctoris*" – erlaubt aufgrund der Unzugänglichkeit der Willensebene des Täters, auf die es sich bezieht,[31] in der Praxis jegliche Auslegung. Aus diesem Grund ist die gegenwärtige Definition des Hauptgehilfen in Art. 28 b) des spanStGB, obschon diese Rechtsfigur aufgrund ihrer kausalen Konnotationen und Auslegungsschwierigkeiten kein Modell für gelungene Gesetzgebungstechnik darstellt,[32] einer Definition vorzuziehen, die auf subjektive Merkmale wie der angegebenen abhebt. Denn indem sie auf die Wesentlichkeit des Tatbeitrags abstellt, statuiert sie wenigstens ein objektives Kriterium für diese akzessorische Beteiligungsform: die Wesentlichkeit eines Tatbeitrags.[33] Die Legaldefinition in Art. 28 b) des spanStGB ist zwar sehr unvollkommen, lässt jedoch die Folgerung zu, dass sich der Hauptgehilfe durch einen wesentlichen Beitrag zur Ausführung der Haupttat charakterisieren lässt.

Jedenfalls teile ich trotz der Nachteile der derzeitigen Legaldefinition des Hauptgehilfen nicht die Meinung von *Cerezo Mir*, wenn er die Abschaffung dieser qualifizierten Form der Beteiligung fordert.[34] Der Grund für meine Haltung liegt in der Möglichkeit,

---

31 Grundlegend *Roxin*, Täterschaft und Tatherrschaft, 2000, S. 55 ff. Ebenso siehe *Díaz y García Conlledo*, La autoría en Derecho penal, 1991, S. 30, der hinsichtlich dieser Art von Kriterien ausführt, dass es sich um „nicht beweisbare subjektive Elemente [handelt] [...], dass es mit ihnen möglich ist, jedes Ergebnis für denselben Fall zu begründen"; *Hernández Plasencia*, La autoría mediata, 1996, S. 18 ff.; *Olmedo Cardenete*, La inducción, 1999, S. 163; *Peñaranda Ramos*, La participación en el delito, 1990, S. 161 ff.

32 Zu Täterschaft und Teilnahme im spanStGB siehe erklärend *Cerezo Mir*, FS für Roxin, 2001, S. 556; eingehend *Sánchez Lázaro*, Intervención delictiva e imprudencia, 2004, S. 386 ff.

33 Vgl. *Gimbernat Ordeig*, Autor y cómplice, 1966, S. 152.

34 *Cerezo Mir*, FS für Roxin, 2001, S. 556; *ders.*, PG III, S. 247. In diesem Sinne siehe ebenso *Gracia Martín*, AP 1994/1, Rn. 359 f.; *Pérez Alonso*, La coautoría y la complicidad, 1998, S. 416 ff. Anders *Díaz y García Conlledo*, Homenaje a Cerezo Mir, 2002, S. 654; *Durán Seco*, RDPC 2000/6, S. 467.

durch diese Rechtsfigur zusätzliche Differenzierungen im Rahmen der strafrechtlichen Verantwortlichkeit zu treffen. Das Hervorheben einer dritten qualifizierten Form der Beteiligung verhindert einen allzu weiten Beihilfebegriff, während es gleichzeitig eine bessere Abgrenzung der unterschiedlichen akzessorischen Beteiligungsformen bereits auf Tatbestandsebene erlaubt und erzwingt.[35]

Weil auch die Regelung des in § 22 des deutschen StGB erfassten Versuchs: „Eine Straftat versucht, wer nach seiner Vorstellung von der Tat zur Verwirklichung des Tatbestandes unmittelbar ansetzt" auf einem subjektiven Merkmal beruht, kommen hier dieselben Einwände zum Tragen. Denn der deutsche Gesetzgeber stellt sich auf die Seite der objektiv-subjektiven Auffassungen des Versuchs.[36] Unabhängig von den spezifischen Problemen dieser Regelung bezüglich des untauglichen und unausführbaren Versuchs oder der Rechtsunsicherheit, die bei der Bestimmung des Beginns der Ausführung aus der Sicht des Täters entsteht,[37] bin ich der Auffassung, dass der Verweis auf die Vorstellung des Handelnden kein taugliches Element für die Abgrenzung des Tatbestandsmäßigen bildet,[38] da ihrem Wortlaut nach das entscheidende Element im Kopf des Handelnden liegen soll. Aus diesem Grund ist meiner Ansicht nach auch die Einführung des objektiven Moments des „unmittelbaren Ansetzens zur Verwirklichung des Tatbestands" ungenügend, um ein Ausufern des mit den subjektiven Theorien umrissenen strafbaren Bereichs zu verhindern.[39] Denn das objektive Moment muss sich dem subjektiven unterordnen und kann deshalb die ihm zugewiesene Funktion der Begrenzung nicht erfüllen. Es ist vielmehr verknüpft mit einem subjektiven Kriterium, das sich strafrechtlich nicht fassen lässt, weil der Zugang zu den Vorgängen im menschlichen Geist verwehrt ist.

Bei der Formulierung eines Rechtsinstituts wie des Versuchs wird das Bestimmtheitsgebot durch die Einführung von beliebig dehnbaren Merkmalen in seine Definition nicht vollständig erfüllt. Deshalb muss es das Ziel sein, dieses Rechtsinstitut im Hinblick auf die äußere Beschreibung der Tathandlung eben-

---

35 Ebenso *Díaz y García Conlledo*, Homenaje a Cerezo Mir, 2002, S. 667 f.; *Gómez Rivero*, La Ley 1996/1, 1627.

36 Eingehend *Farré Trepat*, La tentativa de delito, 1986, S. 173 ff.

37 In diesem Sinne weist *Sola Reche*, La llamada tentativa inidónea de delito, 1996, S. 144 f., zu Recht darauf hin, dass „die Bewertung aus diesem Blickwinkel bei äußerlich gleichen Tatsituationen zu unterschiedlichen Ergebnissen führen kann", da diese vom Verständnis des Subjekts bedingt sind. Ebenso siehe *Alcácer Guirao*, La tentativa inidónea, 2000, S. 95.

38 Zu den Auslegungskriterien für dieses Merkmal in der deutschen Lehre siehe eingehend *Farré Trepat*, La tentativa de delito, 1986, S. 174 ff.

39 In Bezug auf § 22 StGB vgl. *Jescheck / Weigend*, AT, 513 f.

so wie den Unwertgehalt durch deskriptive und unwerthaltige Merkmale so zu gestalten, dass dem Bestimmtheitsgebot Genüge getan wird. Dies kann nur erreicht werden, wenn die gesetzlichen Formulierungen ein Mindestmaß an Sicherung dagegen bieten, dass sie sich mit jedem beliebigen Inhalt füllen lassen. Aus diesem Grund ist die Definition in Art. 16 des spanStGB vorzuziehen, da die dort eingeführten Tatbestandsmerkmale – konkret: „unmittelbar durch äußere Handlungen" und „objektiv den Erfolg herbeiführen würden" – eine größere Eignung zu empirischer Feststellung aufweisen und auf eine externe und objektive – nämlich intersubjektive – Bewertungsinstanz verweisen.[40] Der Gesetzgeber muss es bei der Abgrenzung des strafbaren Verhaltens vermeiden, den Rechtsanwender durch die Einführung von Merkmalen wie der Täterpsyche in jene „tiefgeheime und verborgene [Welt] der menschlichen Seele [zu verweisen], in welcher der Mensch seine ureigensten Gedanken, Wünsche und Triebe verwahrt und bewacht",[41] und so die Konturen des Strafbaren aufs Unerträglichste zu verwischen. Demgegenüber legt der spanische Gesetzgeber klar umrissene Strafbarkeitsgrenzen fest:[42] Der Versuch erstreckt sich nur auf Verhaltensweisen, über deren Gefährlichkeitsgrad für das Rechtsgut ein Minimalkonsens bestehen sollte.[43] Die Gestaltung dieser Vorschrift dient so konsequent ihrer Funktion, die normativen Erwartungen abzusichern, die im Interesse des Rechtsgüterschutzes an ihre Adressaten gerichtet werden müssen: Ihre tatbestandliche Struktur wird über das objektive Moment errichtet, das die Strafbarkeit solcher Verhaltensweisen rechtfertigt, nämlich den für die strafrechtlich geschützten Güter erzeugten objektiven Gefährlichkeitsgrad.[44] Zudem erhält dieses Rechtsinstitut durch die Verwendung solcher objektiven Merkmale bestimmbare Umrisse.

---

40 Kritisch dazu siehe aber *Cerezo Mir*, RDPC 1998/1, 20 ff.

41 STS 29.1.1992; zu weiteren Nachweisen siehe *Ragués i Vallès*, El dolo y su prueba en el proceso penal, 1999, S. 191.

42 So meint *Silva Sánchez*, El nuevo Código penal, 1997, S. 133, dass der neue Wortlaut des Art. 16 mit der Einführung des Adverbs 'objektiv' „eine der Gesetzgebungsfunktionen erfüllt, die darin besteht, den Rahmen der Diskussion festzulegen", wenngleich der Rechtslehre „die weitere Präzisierung dessen, was unter 'objektiv' zu verstehen ist, überlassen bleibt, oder besser die Bestimmung, wo sich die Grenze des 'Objektiven' befindet".

43 Vgl. *Alcácer Guirao*, La tentativa inidónea, 2000, S. 378 ff.

44 Eingehend *Alcácer Guirao*, La tentativa inidónea, 2000, S. 385 ff., der zu Recht bemerkt, S. 468 f.: „Die Voraussetzung, dass sie 'objektiv den Erfolg herbeiführen würde', nimmt auf die kausale Wirkkraft der Handlung Bezug, und die (potentielle) Kausalität ist ein externes, nicht internes Phänomen, das der Welt des Faktischen, nicht der Welt des Mentalen nach der Darstellung des Täters angehört".

Die Zweckmäßigkeit der Einführung subjektiver Merkmale in strafrechtliche Vorschriften kann nicht beurteilt werden, ohne die strafrechtswissenschaftliche Diskussion zur subjektiven Komponente innerhalb des Verbrechensaufbaus schlechthin – nämlich zum Vorsatzbegriff – zu berücksichtigen. In der strafrechtlichen Diskussion wird zunehmend die Tauglichkeit der Einführung von Willensaspekten in die dogmatische Konstruktion dieses Rechtsinstituts in Frage gestellt.[45] Denn es hat sich erwiesen, dass die psychologisierenden Konzeptionen auf große Anwendbarkeitsprobleme stoßen.[46] Daher halte ich es nicht für angebracht, dass der Gesetzgeber versucht, den Bereich der Tatbestandsmäßigkeit durch die Einführung derartiger Merkmale abzustecken. Wenn das geschieht, beschränkt sich die Gesetzesanwendung nicht darauf, das vom Gesetzgeber in die Vorschriften eingeführte Merkmal mit größerer oder geringerer Bestimmtheit zu definieren. Die Besonderheit dieser Merkmale bewirkt vielmehr, dass eine Subsumtionsarbeit im strengen Sinne unmöglich wird, da generell im Bereich des Prozesses nur begrenzte Mittel für sie vorhanden sind.[47] In allen diesen Fällen wird die Subsumtionsarbeit völlig beliebig und löst sich vom Wortlaut des Gesetzes sowie der Legaldefinition.[48] Sol-

---

45 Vgl. *Hoyer*, Strafrechtsdogmatik, 1997, S. 387 ff. Ebenso siehe *Alcácer Guirao*, La tentativa inidónea, 2000, S. 389 f., der diese fortschreitende Verminderung der Bedeutung des Willenselements, der Intention, [...] auf die methodologische Wende [zurückführt], die dem Rechtsgüterschutz gegenüber dem ethisch-sozialen Gesichtspunkt einer Werteinternalisierung den Vorrang einräumt und daher mehr auf den externen Gefahraspekt achtet als auf das interne Vorhandensein einer bestimmten inneren Haltung"; ebenfalls eine Aufwertung des objektiven Tatbestands feststellend *Feijóo Sánchez*, CPC 1998/65, 279 ff., 291 ff., 322 ff.; *Laurenzo Copello*, Dolo y conocimiento, 1999, S. 242 ff.; *Ragués i Vallès*, El dolo y su prueba en el proceso penal, 1999, S. 47 ff. Dagegen siehe aber *Díez Pita*, El dolo eventual, 1994, S. 99 ff., 300 ff.; *Cerezo Mir*, PG II, S. 123 ff. Zu weiteren Nachweisen siehe *Feijóo Sánchez*, CPC 1998/65, 291, 298.

46 Grundlegend *Ragués i Vallès*, El dolo y su prueba en el proceso penal, 1999, S. 195 ff., der vorschlägt, das intellektuelle Element des Vorsatzes unter Rückgriff auf die soziale Bedeutung des Verhaltens und die Umstände, unter denen es geschieht, festzustellen. Dagegen *Muñoz Conde*, Prólogo, S. 13, für den jegliche Subsumtion „von der psychischen Realität, auf die sich die subjektiven Merkmale beziehen, ausgehen muss". In diesem Sinne siehe ebenso *Díez Ripollés*, Los elementos subjetivos del delito, 1990, S. 304 ff.; *Feijóo Sánchez*, CPC 1998/65, 293, nach dessen Auffassung der wahre Nachteil der „Willenstheorien" darin liegt, dass sie die Zurechnung und deren Voraussetzungen diesem psychologischen Element unterordnen, während die Schwierigkeiten seiner praktischen Feststellung als nebensächlich zu betrachten seien; *Laurenzo Copello*, Dolo y conocimiento, 1999, S. 156 ff.

47 Vgl. *Ragués i Vallès*, El dolo y su prueba en el proceso penal, 1999, S. 229 ff., 515; a.A. dagegen *Gimbernat Ordeig*, Ensayos penales, 1999, S. 410 f.

48 Vgl. *Ragués i Vallès*, El dolo y su prueba en el proceso penal, 1999, S. 196 ff.

chen gesetzlichen Formulierungen fehlt es – zumindest teilweise – an demokratischer Legitimität.[49]

Aus eben diesem Grunde kann es nicht gebilligt werden, dass die unterschiedlichsten tatbestandlichen Strukturen und Elemente unter Bezugnahme auf diese uralte, tiefe und in der menschlichen Seele verborgene Welt gestaltet werden.[50] Im Interesse des Bestimmtheitsgebots müssen die verschiedenen Tatbestandsmerkmale so ausgewählt werden, dass eine willkürfreie Subsumtion darunter im Prozess zumindest möglich bleibt. Daher muss vor der Einführung eines zusätzlichen Tatbestandsmerkmals stets sichergestellt sein, dass sich seine Voraussetzungen auch praktisch im Prozess feststellen lassen. Denn je größer die Schwierigkeit ist, das Erfülltsein eines Tatbestandsmerkmals festzustellen, desto konturloser wird der Tatbestand und desto undeutlicher werden die Grenzen des Strafbaren. Daher empfiehlt es sich nicht, in den Tatbestand zusätzliche subjektive Merkmale über Vorsatz und Fahrlässigkeit hinaus aufzunehmen.

Die prozessuale Handhabbarkeit eines Tatbestandsmerkmals vorausgesetzt, scheint dessen Eignung zur Gestaltung einer strafrechtlichen Norm im Wesentlichen von zwei Faktoren abzuhängen: zum einen davon, dass Tatbestand und strafwürdiger Bereich deckungsgleich sind, und zum anderen davon, dass das tatbestandlich beschriebene Unrecht in einem angemessenen Verhältnis zur angeordneten Rechtsfolge steht. Der strafwürdige Sachverhalt wird maßgeblich durch die unwerthaltige Handlung konstituiert, die durch die konkrete Norm mit Strafe bedroht werden soll. Insoweit ist zu klären, mittels welcher Art von Tatbestandsmerkmalen der strafwürdige Bereich am besten erfasst werden kann.[51] Unter dieser Zielsetzung ist zu entscheiden, ob ein bestimmtes Merkmal – wie beispielsweise das Erfordernis einer Verletzung außerstrafrechtlicher Normen oder das Vorliegen einer abstrakten Gefahr für das geschützte Rechtsgut – den strafwürdigen Bereich adäquat umreißt oder aber zu sehr einschränkt. Es geht also darum, nicht mehr und nicht weniger Verhaltensweisen in den Tatbestand einzubeziehen als diejenigen, die für strafwürdig und -bedürftig erachtet werden.[52] Das zweite oben angesprochene Beurteilungskriterium verlangt die Abschätzung, ob die konkrete Rechtsfolge durch die einzelnen Tatbestandsmerkmale der Norm materiell legitimiert wird. An-

49 Dazu vergleiche demnächst *Navarro Frías*, Técnica legislativa y tipicidad penal, S. 116 ff.

50 Kritisch zu den Risiken einer zunehmenden Subjektivierung der Verbrechenselemente auch *Díez Ripollés*, Los elementos subjetivos del delito, 1990, S. 325 ff.

51 In diesem Sinne siehe *Noll*, Gesetzgebungslehre, 1973, S. 80 f., wobei er die mangelnde Beachtung dieses Problems im Gesetzgebungsprozess kritisiert.

52 *Günther*, JuS 1978, 8 f.

hand der Rechtsfolge lässt sich überprüfen, ob der Tatbestand einen entsprechend hohen Unrechtsgehalt ausdrückt. Hier geht es vornehmlich darum, eine Unverhältnismäßigkeit zwischen Tatbestand und Rechtsfolge zu vermeiden. Mit diesen beiden Beurteilungskriterien lässt sich ein strafrechtlicher Tatbestand sachgerecht gestalten und feststellen, welche Konsequenzen die Einführung, Änderung oder Ersetzung von Tatbestandsmerkmalen nach sich zieht. Zusammenfassend lassen sich also drei zu untersuchende Fragen formulieren:

Erstens ist zu klären, in welchem Maße der Straftatbestand mit dem die strafrechtliche Intervention legitimierenden Unrecht übereinstimmt. Es muss also Kongruenz zwischen dem jeweiligen Tatbestand und einem gesellschaftlich allgemein als strafwürdig und -bedürftig angesehenen Unrecht bestehen. Dass dieser Kongruenz vom Gesetzgeber zu wenig Bedeutung zugemessen wird, hat vor allem im Besonderen Teil zu Tatbestandsgestaltungen geführt, deren Anwendungsbereich zu weit reicht und deshalb einer materiellen Legitimation entbehrt.[53] Ausgehend von den strafwürdigen Sachverhalten müssen also die Struktur des Tatbestands und dessen Merkmale kritisch überprüft werden. Die zweite Frage betrifft die Präzisierung der Tatbestandsmerkmale, d.h. das Maß an Bestimmtheit, das sie der Vorschrift verleihen. Damit ist zu klären, ob die Wahl eines konkreten Tatbestandsmerkmals, etwa das Erfordernis einer Rechtsgutsverletzung, unter dem Aspekt des Gesetzlichkeitsgrundsatzes überzeugt: Soll der Tatbestand beispielsweise im Interesse größtmöglicher Bestimmtheit einen Verletzungserfolg voraussetzen oder soll schon eine konkrete Gefährdung des Handlungsobjekts ausreichen, um weitere strafwürdige und -bedürftige Sachverhalte nicht auszuklammern? Schließlich soll an dritter Stelle untersucht werden, ob die Tatbestandsmerkmale dazu geeignet sind, den Unwertgehalt des beschriebenen Delikts so auszudrücken, dass es als besonders schweres und daher strafwürdiges Unrecht erscheint. Wie später gezeigt wird, ist diese Frage vor allem für jene Vorschriften von hoher Bedeutung, die eine besonders gravierende Rechtsfolge vorsehen. Es ist hier demgemäß diese qualifizierte Rechtsfolge, aus der sich die Bewertung des Tatbestands ergibt.

---

53 In diesem Sinne zum Grundsatz der Geeignetheit für den Rechtsgüterschutz siehe *Günther*, JuS 1978, 8 f. Zum „Übermaßverbot“ siehe *Stächelin*, Strafgesetzgebung im Verfassungsstaat, 1998, S. 161 ff. In Bezug auf Art. 368 spanStGB („Drogenhandel“) siehe etwa *Muñoz Conde*, PE, S. 659 ff.; eingehend *Rey Huidobro*, El delito de tráfico de drogas, 1999, S. 165 ff. Zur Einführung von Einheitstätermodellen im Besonderen Teil siehe unter B III.

Zur Frage der Legitimität der strafrechtlichen Intervention siehe eingehend *Stächelin*, Strafgesetzgebung im Verfassungsstaat, 1998, S. 126 ff. Ebenso *Paredes Castañón*, RDPC 2003/11, 111 ff.; *Silva Sánchez*, Homenaje a Torío López, 1999, S. 215 ff.

Sobald ein Verhalten unter rechtstatsächlichen und Wertungsgesichtspunkten als strafwürdig erkannt worden ist, müssen in Bezug auf jedes einzelne Tatbestandsmerkmal dessen Vor- und Nachteile unter dem Blickwinkel der oben entwickelten Parameter gegeneinander abgewogen werden:[54] der strafwürdige Sachverhalt, den die Vorschrift regeln soll, und deren Rechtsfolge. Zueinander im Verhältnis zu setzen sind dabei Gesichtspunkte wie der Unwert des erfassten Verhaltens sowie das Gebot der Rechtssicherheit, streng orientiert am Ziel einer ausgewogenen Tatbestandsstruktur. Der strafwürdige Sachverhalt, den die konkrete Norm regeln soll, und die angeordnete Rechtsfolge sind entscheidend für eine sachgerechte Wahl zwischen verschiedenen Tatbestandsmerkmalen wie etwa zwischen einem Verletzungserfolg und einer bloßen Gefahr.

Dieses Vorgehen lässt sich noch einmal anhand der jüngst wieder aufgekommenen Diskussion veranschaulichen, die über die Zweckmäßigkeit einer Versuchsstrafbarkeit für folgenlose Fahrlässigkeit geführt wird.

Die Diskussion beruht auf drei Voraussetzungen: Erstens wurden nach meiner Auffassung als fahrlässiges und daher vollendetes Erfolgsdelikt auch fahrlässige Verhaltensweisen bestraft, die zwar zur Herbeiführung einer Verletzungsfolge beitrugen, denen diese aber nicht – vollständig – zurechenbar war.[55] Zweitens zeigt der Konsens in der Rechtsprechung und Lehre über die Behandlung und die Strafbarkeit der fahrlässigen Nebentäterschaft implizit, dass solche fahrlässigen Verhaltensweisen ein bedeutendes Maß an Strafbedürftigkeit aufweisen.[56] Und drittens ist eine Lösung für dieses Problem

---

54 Dabei ist einzuräumen, dass es sich angesichts der Komplexität der in die Abwägung einzubeziehenden Aspekte immer nur um vorläufige und nicht abschließende Überlegungen handeln kann, so *Noll*, Gesetzgebungslehre, 1973, S. 72 f.

55 Eingehend *Sánchez Lázaro*, Intervención delictiva e imprudencia, 2004, S. 315 ff.; *ders.*, GA 2005, 700 ff. Erklärend siehe ebenso *Hoyer*, GA 2006, 298 ff. In diesem Sinne führt auch *Silva Sánchez*, La expansión del Derecho penal, 2001, S. 135 Fn. 321, kritisch an, dass „die Einstufung der Nebentäterschaft als Täterschaftsform fragwürdig ist, [...] [da] es aufgrund des Ausscheidens einer der Mittäterschaft eigenen gegenseitigen Zurechnung unmöglich ist, einem Nebentäter das Verhalten des anderen zuzuschreiben". Ähnlich ist *Roso Cañadillas*, Autoría y participación imprudente, 2002, S. 231, der Auffassung, dass „bei einer individuellen und isolierten Behandlung jedes einzelnen Nebentäters weder das gleiche Verhalten noch der gleiche Erfolg wie bei der Mittäterschaft zugerechnet werden kann. Wenn es anders wäre, wozu wäre dann die Mittäterschaft nötig? Zwar gibt es Fälle, in denen bei einer fahrlässigen Handlung jeder der Beteiligten einen Teil des Tatbestands oder der Tatbestandshandlung verwirklicht, und dank der Mittäterschaft und des zu ihr gehörigen Grundsatzes der gegenseitigen Zurechnung die Verantwortlichkeit für ein vollendetes Delikt begründet werden kann. Hingegen können in den angesprochenen Fällen die an der Tat Beteiligten nur als Nebentäter eines (fahrlässigen) Versuchs verantwortlich gemacht werden, was im derzeitigen spanischen Strafrecht die Straflosigkeit bedeuten würde".

56 Zu weiteren Nachweisen *Sánchez Lázaro*, Intervención delictiva e imprudencia, 2004, S. 316 ff.

über das Modell der Gefährdungsdelikte abzulehnen,[57] da es sich allenfalls im Wege einer Generalklausel konzipieren ließe[58]. Diese drei Prämissen bieten die Möglichkeit, eine konstruktive Diskussion über eine mögliche Ausdehnung der Rechtsfigur des Versuchs auf den Bereich der Fahrlässigkeit zu führen.

Sobald die strafwürdige Sachverhaltskonstellation identifiziert wurde, auf die mit der Ausdehnung der Versuchsstrafbarkeit auf den Fahrlässigkeitsbereich reagiert werden soll, kann die Bestrafung solcher fahrlässigen Verhaltensweisen ermöglicht werden, die in der Herbeiführung einer Verletzungsfolge konkurrieren, jedoch unter Umständen, die einer Mittäterschaft und damit einer vollständigen gegenseitigen Zurechnung entgegenstehen. Dazu ist es erforderlich, die unterschiedlichen Tatbestandsmerkmale und -gestaltungen zu bewerten, die als geeignet für eine zweite, auf die Erfassung dieser fahrlässigen Verhaltensweisen ausgerichtete Versuchsregelung erscheinen. Es geht hier darum zu würdigen, ob eine solche Regelung dazu in der Lage wäre, einerseits die strafwürdige Sachverhaltskonstellation zu erfassen und andererseits deren Unwertgehalt bestimmt genug auszudrücken und gegenüber anderen Sachverhaltskonstellationen abzugrenzen. Die strafwürdige Sachverhaltskonstellation muss so beschrieben werden, dass deutlich wird, weshalb ein Eingriff des Strafrechts bei ihr erforderlich und damit auch gerechtfertigt ist.

Von diesen Prämissen ausgehend, kann eine Erstreckung der Versuchsstrafbarkeit auf den Fahrlässigkeitsbereich mittels einer Generalklausel, die einseitig auf das gefährliche Verhalten abstellt und sich an der für den vorsätzlichen Versuch geltenden Regelung orientiert,[59] bereits von Anfang an verworfen werden. Ein derartiges Modell greift nämlich weit über den strafwürdigen Bereich hinaus und beschränkt sich nicht allein darauf, eine nicht vollständig zurechenbare Rechtsgutsverletzung unter Strafe zu stellen. Wäre fahrlässiges Verhalten unter Verzicht auf die Einführung von zusätzlichen Erfordernissen als solches strafbar, so führte dies zur Strafbarkeit jeder sorgfaltswidrigen Handlung oder Unterlassung. Eine solche Lösung erwiese sich als unzulässig wegen eines Verstoßes gegen das Übermaßverbot. Sie bewirkte eine Ausdehnung der Strafbarkeit weit über den materiell legitimierenden strafwürdigen Bereich hinaus: Es soll ja nicht jegliche Tätigkeit – Handlung oder Unterlassung –, die eine Sorgfaltspflicht verletzt, bestraft werden, sondern nur jene, an die sich eine nicht – vollständig – zurechenbare Rechtsgutsverletzung anschließt. Insoweit herrscht ein gewisses Einvernehmen über die Strafwürdig-

57 So etwa *Jakobs*, Estudios de Derecho penal, 1997, S. 186, 195 f. Ähnlich siehe *Mitsch*, JuS 2001, 105.

58 Vgl. *Sánchez Lázaro*, Intervención delictiva e imprudencia, 2004, S. 336 f.

59 Eingehend *Sola Reche*, La llamada tentativa inidónea de delito, 1996, S. 115 ff.

keit.[60] Die Konturlosigkeit der erstgenannten Lösung entbehrt dagegen ausreichender kriminalpolitischer Gründe[61] und droht, jegliche präventive Effizienz in einer nicht zu rechtfertigenden tatbestandlichen Weite zu verwässern.[62] Die gesetzliche Gestaltung dieses Rechtsinstituts erfordert also zusätzliche Komponenten.

Eine andere Lösung wird in Art. 223.1 des *Code Pénal* angeboten, wo in einer Generalklausel zwei weitere Tatbestandsmerkmale – neben dem fahrlässigen riskanten Verhalten – aufgeführt sind: die offensichtlich absichtliche Verletzung einer durch Gesetz auferlegten Sorgfaltspflicht und die Verursachung einer unmittelbaren Todes- oder schweren Verletzungsgefahr.[63] Zwar vermeidet diese Formel einige der Nachteile, die die vorhergehende Lösung aufweist,

---

60 Wenn auch zur Rechtfertigung einer strafrechtlichen Lösung normalerweise auf die besondere Schädlichkeit des Verhaltens, seine gesellschaftliche Relevanz oder die Unzulänglichkeit anderer weniger drastischer Eingriffe hingewiesen wird (siehe etwa *Amelung*, ZStW 92 (1980), 71; *Feijóo Sánchez*, CPC 1997/62, 314 f., der auf die Schwere der Tat oder die Besonderheit der Pflicht hinweist; *Günther*, JuS 1978, 10 ff.; *Luzón Peña*, PG, S. 524, der auch auf die Häufigkeit der Vornahme des Verhaltens hinweist; *Paredes Castañón*, RDPC 2003/11, 139, 146 f.; *Soto Navarro*, La protección penal de los bienes colectivos, 2003, S. 61 f.), so erklärt sich die Berufung auf den bestehenden Konsens über die Strafwürdigkeit solcher Verhaltensweisen aus dem Widerstand, auf den die mögliche Pönalisierung eines fahrlässigen Versuchs konstruktiv stößt. Denn der Konsens bietet, indem er ein gewisses Maß an intersubjektiver Rationalität garantiert, ein wichtiges Element innerhalb der Argumentation für die Rechtfertigung einer strafrechtlichen Lösung, in diesem Sinne siehe bereits *Díez Ripollés*, Jueces para la Democracia 1997/30, 17.

Andererseits und auch wenn der technische Charakter der hier behandelten Frage den Verzicht auf soziologische Beiträge erlaubt, ist darauf hinzuweisen, dass diese dazu aufgerufen sind, eine wichtige Rolle bei der Bewertung der mit einer Norm gesammelten Erfahrungen zu übernehmen. In diesem Sinne hinsichtlich der Aufgaben von Evaluierung und Gesetzeskorrektur siehe *Stächelin*, Strafgesetzgebung im Verfassungsstaat, 1998, S. 200 ff. Allgemein dazu *Atienza*, Contribución a una teoría de la legislación, 1997, S. 28 ff., 48 ff., 71 ff. Skeptisch *Silva Sánchez*, Aproximación al Derecho penal contemporáneo, 1992, S. 84 ff.

61 Vgl. *Jakobs*, AT, 9/27.

62 Kritisch dazu *Romeo Casabona*, RPCP 2002/12, 146 f. Ebenso siehe *ders.*, Homenaje a Cerezo Mir, 2002, S. 947 f., 962.

63 Konkret: „Le fait d'exposer directement autrui à un risque immédiat de mort ou de blessures de nature à entraîner une mutilation ou une infirmité permanente par la violation manifestement délibérée d'une obligation particulière de sécurité ou de prudence imposée par la loi ou le règlement est puni d'un an d'emprisonnement et de 100 000F d'amende". Ähnlich siehe bereits *Sturm*, ZStW 59 (1940), S. 32. Unter Hinweis auf die Nützlichkeit der Rechtsvergleichung für die Vorhersage der Gesetzesfolgen und die Wahl der Bewertungskriterien, *Stächelin*, Strafgesetzgebung im Verfassungsstaat, 1998, S. 334. Ebenso siehe *Noll*, Gesetzgebungslehre, 1973, S. 70 ff., der auf die notwendige Kontextualisierung der Normen hinweist; *ders.*, ZStW 92 (1980), S. 78 f.

insbesondere hinsichtlich des Bestimmtheitsgrads der tatbestandlichen Struktur. Dennoch begegnet auch diese Tatbestandsstruktur aus zwei Gründen der Kritik:

Sie bleibt zum einen insofern mangelhaft, als der französische Gesetzgeber beim Abstellen auf gesetzlich geregelte Sorgfaltspflichten all die Fälle unberücksichtigt lässt, in denen die fahrlässige Handlung außerhalb eines gesetzlich normierten Bereichs erfolgt. Zum anderen verstößt sie gegen das Übermaßverbot, weil sie die Bestrafung fahrlässiger Verhaltensweisen unabhängig vom Vorliegen eines Verletzungserfolgs ermöglicht. Es scheint nur ein gewisser Konsens über die Strafbarkeit zu bestehen, wenn ein Erfolg herbeigeführt wird: Die Strafbarkeit des versuchten Fahrlässigkeitsdelikts wird von Lehre und Rechtsprechung implizit nur dann anerkannt, wenn eine Rechtsgutsverletzung eintritt. Eine gesetzliche Regelung, wie sie der *Code Pénal* enthält, kann sich also auf keinen Konsens hinsichtlich der materiellen Strafbedürftigkeit stützen.[64]

Zudem erscheint die Tatbestandsstruktur wegen des Erfordernisses einer gesetzlich geregelten Sorgfaltspflicht in sich unausgewogen. Denn es gilt unabhängig von der Schwere der Fahrlässigkeit. Der Tatbestand führt damit zu einer axiologischen Inkohärenz, weil er losgelöst vom materiellen Unwertgehalt nur auf bestimmte Lebenssachverhalte beschränkt bleibt. Auch durch die zweite Tatbestandskomponente, das Erfordernis einer unmittelbaren Todes- oder schweren Verletzungsgefahr, wird kein befriedigendes Maß an Bestimmtheit erreicht. Der graduelle und jeder beliebigen Deutung zugängliche Begriff des Gefährdungserfolgs[65] führt zu einer „sozialen Verwischung" der fahrlässigen Verhaltensweisen und der Fahrlässigkeitshaftung. Daher empfiehlt es sich, in die Gesetzesfassung weitere, größere Genauigkeit schaffende Merkmale einzufügen. Da es sich um den elementaren Bereich subjektiver Haftung handelt, sollte die gesetzliche Gestaltung dieser Rechtsfigur weitere Merkmale enthalten, die eine klarere Unterscheidung zwischen dem Bereich des Strafbaren und dem des strafrechtlich Erlaubten gestatten.

Die vorstehenden Gründe haben mich in früheren Arbeiten dazu geführt, eine Generalklausel vorzuschlagen, die sowohl auf das fahrlässige Verhalten als auch auf eine Rechtsgutsverletzung abstellt.[66] In diesem Bereich der subjektiven Haftung kann der Versuch durch zwei wesentliche Merkmale hinreichend

---

64 Dazu siehe *Schubarth*, ZStW 92 (1980), S. 92 ff.

65 Vgl. *Paredes Castañón*, El riesgo permitido, 1995, S. 188 ff.

66 Eingehend *Sánchez Lázaro*, Intervención delictiva e imprudencia, 2004, S. 315 ff.; erklärend siehe auch *ders.*, GA 2005, 700 ff.

gekennzeichnet werden: das sorgfaltswidrige Verhalten und das Vorliegen einer nicht vollständig zurechenbaren Rechtsgutsverletzung. Durch das Erfordernis einer Rechtsgutsverletzung wird eine Erweiterung des Tatbestandes der fahrlässigen Erfolgsdelikte auf ein konkretes unmittelbares Vorfeld ermöglicht, denn dieses Rechtsinstitut soll lediglich die Unmöglichkeit einer vollständigen Erfolgszurechnung überwinden. So entsteht eine Tatbestandsstruktur, die nicht nur die beabsichtigte Übereinstimmung zwischen dem Wortlaut der gesetzlichen Regelung und dem Bereich gewährleistet, über den unter dem Gesichtspunkt von Strafwürdigkeit und -bedürftigkeit Konsens besteht.[67] Darüber hinaus verleiht dieses Merkmal der Tatbestandsstruktur ein angemessenes Maß an Bestimmtheit, denn als Versuch wäre nicht jede fahrlässige Handlung unter Strafe gestellt, sondern nur diejenige, deren Risiko sich – wenn auch nicht vollständig – in einer konkreten Rechtsgutsverletzung verwirklicht hat. Das Erfordernis einer Rechtsgutsverletzung erlaubt es, den Bereich des Strafbaren abzugrenzen und materiell zu rechtfertigen. Konkret wird das folgende Modell zur Diskussion gestellt:

> „§ 22 (2): Ebenso sind diejenigen fahrlässigen Verhaltensweisen als Versuch strafbar, die bei der Vollendung (im weiteren Sinne, d.h. als Rechtsgutsverletzung) einer fahrlässigen Tat mitgewirkt haben.[68]
>
> § 23 (2): Der Versuch nach § 22 Abs. 1 kann milder bestraft werden als die vollendete Tat (§ 49 Abs. 1). In den Fällen des § 22 Abs. 2 kann das Gericht die Strafe nach seinem Ermessen mildern (§ 49 Abs. 2) oder von Strafe absehen“.[69]

Das Merkmal der Rechtsgutsverletzung gewährleistet nicht nur die Ausgewogenheit zwischen dem Wortlaut der Vorschrift und dem strafwürdigen Sachverhalt, der sie materiell rechtfertigt. Die Bezugnahme auf ein konkret verletztes Rechtsgut ermöglicht auch die Gestaltung von konkreten Versuchstatbeständen (nämlich für fahrlässige Tötung, fahrlässige Körperverletzung

---

67 Denn die Absenkung der Zurechnungserfordernisse bei der Nebentäterschaft und in den Fällen, in denen das Opfer bei der Schaffung des unerlaubten Risikos, aus dem die Verletzung seiner eigenen Rechtsgüter resultiert, mitgewirkt hat, bildet keine zulässige dogmatische Lösung, um strafbedürftige versuchte Verhaltensweisen zu bestrafen; erklärend siehe *Hoyer*, GA 2006, 298 ff. Eingehend *Sánchez Lázaro*, GA 2005, 700 ff.; *ders.*, ADPCP 2005, 421 ff.; *ders.*, Intervención delictiva e imprudencia, 2004, S. 315 ff. In Bezug auf die Problematik der Begrenzung von Straftatbeständen unter dem Gesichtspunkt der Strafwürdigkeit siehe *Günther*, JuS 1978, 13 f.

68 Wenn man eine fahrlässige Mittäterschaft anerkennt, könnte § 22 (2) auch mit einem Verweis auf diese Rechtsfigur ergänzt werden. Sie könnte z.B. lauten: „ohne dass die Voraussetzungen der Mittäterschaft (§ 25 Abs. 2) erfüllt sind“; vgl. *Sánchez Lázaro*, GA 2005, 713 ff. Eingehend siehe *ders.*, Intervención delictiva e imprudencia, 2004, S. 315 ff. Zur fahrlässigen Mittäterschaft siehe zuletzt *Hoyer*, GA 2006, 298 ff.

69 Erklärend *Sánchez Lázaro*, GA 2005, 713 ff.

usw.) und dadurch eine flexiblere Anpassung der Strafe an das Unrecht. Denn nur durch den Erfolg ist das konkrete fahrlässige Erfolgsdelikt abzugrenzen,[70] und das wiederum führt zu einer größeren Übereinstimmung zwischen Tatbestand und Rechtsfolge. In jedem Fall sollte zunächst die Reaktion der Lehre abgewartet werden, um dieses Lösungsmodell ggf. weiter zu entwickeln.

Sicherlich wirft das skizzierte Modell einige Fragen auf: Versuch trotz Rechtsgutsverletzung? Welche Beziehung muss zwischen fahrlässigem Verhalten und der Rechtsgutsverletzung bestehen? Einige dieser Fragen sind leicht zu beantworten. So hängt bekanntermaßen die Annahme eines Versuchs nicht so sehr vom Vorliegen der Rechtsgutsverletzung als von deren Zurechnung ab. Hinsichtlich der zwischen dem fahrlässigen Verhalten und der Rechtsgutsverletzung bestehenden Beziehung ist hier vorauszuschicken, dass es sich dabei nicht um ein Problem der Kausalität, sondern des personal zurechenbaren Unrechts handelt.[71] Jedenfalls würde uns eine umfassende Darstellung desselben zu weit vom Gegenstand der vorliegenden Untersuchung abbringen.

Die Zweckmäßigkeit einer Vorschrift erfordert im Allgemeinen eine gewisse Übereinstimmung zwischen ihrem Wortlaut und dem dadurch erfassten Unwertgehalt. Bei der Formulierung einer Vorschrift wird nicht allein die „äußere" Struktur eines strafrechtlichen Rechtsinstituts charakterisiert – wie beispielsweise die Beteiligungsform der Anstiftung –, sondern auch der Unwertgehalt selbst beschrieben. Die Einführung von Merkmalen, durch die der Unwertgehalt ausgedrückt wird, ist unabdingbar in den Fällen, in denen die angeordnete Rechtsfolge wesentlich zur Definition und Unterscheidung des konkreten Rechtsinstituts beiträgt. Das gilt insbesondere dann, wenn der Unwertgehalt das Kriterium darstellt, mit dem das Rechtsinstitut von anderen abgegrenzt wird. Als Beispiel dafür können die Auslegungsprobleme genannt werden, die das spanStGB hervorruft, indem es bestimmte Teilnahmeformen – nämlich Anstiftung und Hauptgehilfenschaft – hinsichtlich ihrer Bestrafung einer Täterschaft ohne Weiteres gleichsetzt.[72]

In Bezug auf die Anstiftung wird durch die gesetzliche Beschreibung dieser qualifizierten Teilnahmeform ausschließlich an ein Merkmal angeknüpft, das keine größere Schwere der Teilnahmehandlung kennzeichnet. Damit werden erhebliche Schwierigkeiten bei ihrer Auslegung erzeugt.[73] Gemäß Art. 28 a)

70 *Sola Reche*, La llamada tentativa inidónea de delito, 1996, S. 134.

71 Eingehend *Sánchez Lázaro*, ADPCP 2005, 421 ff.

72 Erklärend *Cerezo Mir*, FS für Roxin, 2001, S. 555 ff.

73 Kritisch siehe *Cerezo Mir*, FS für Roxin, 2001, S. 555 f.; *ders*., PG III, S. 241 Fn. 51. In diesem Sinne siehe bereits *Roxin*, JuS 1973, 336 f. Ebenso *Binding*, GS 76 (1910), 108 f.

spanStGB ist als Täter – im Hinblick auf das Strafmaß[74] – anzusehen, „wer einen anderen oder andere unmittelbar zur Ausführung anstiftet".[75] Aber die Verschärfung der Strafe dieses Beteiligten hat ebenso wenig Sinn wie eine allgemeine Strafverschärfung für diejenigen Teilnehmer, deren Beitrag in der Übergabe einer Sache oder schlichtem Tun oder Unterlassen besteht,[76] denn die bloße Anstiftung zur Ausführung einer Straftat reicht nicht hin, um die strafmäßige Gleichstellung des Anstifters mit dem Täter zu begründen. Eine Person aufzufordern, ihr anzuraten oder sie zu ermutigen, beispielsweise einer anderen das Leben zu nehmen, ist allgemein unter dem Gesichtspunkt von Strafwürdigkeit und -bedürftigkeit nicht als so schwerwiegend zu beurteilen, wie die gleiche Handlung des Tötens selbst auszuführen: Nur diese ist unmittelbar dazu geeignet, ein Rechtsgut zu verletzen. Eine Anstiftung kann mit Täterschaft nur gleichgesetzt werden, wenn bestimmte zusätzliche Umstände vorliegen. Dass *de lege lata* solche Umstände gesetzlich nicht normiert sind, bewirkt die genannten Auslegungsprobleme.[77]

Diese Regelung hat in der Lehre teilweise dazu geführt, ein zusätzliches materielles Merkmal für die Tatbestandsstruktur der Anstiftung zu entwickeln, aufgrund dessen es möglich sein soll, die für sie vorgesehene Rechtsfolge zu legitimieren. So meint etwa *Gómez Rivero*, dass „der Unwert der Anstiftungshandlung nur begründet werden kann, wenn das Verhalten des Anstifters aufgrund der Stärke oder der Umstände, unter denen die Anstiftung erfolgt, ein bestimmtes Maß an Gefährlichkeit erreicht, um auf die Motivation des Täters einzuwirken und so die Hemmung zu überwinden, die für ihn die Begehung der Straftat bedeuten könnte".[78] Demgegenüber ist *Olmedo Cardenete* der Auf-

74 Dazu siehe *Díaz y García Conlledo*, La autoría en Derecho penal, 1991, S. 205 ff.; *ders.*, RDPC 1998/2, 417; *Pérez Manzano*, Autoría y participación imprudente, 1999, S. 76 f. Aber auch *Mir Puig*, PG, S. 367, 377.

75 In Bezug auf § 26 StGB siehe SK / *Hoyer*, § 26 Rn. 1 ff.

76 So kritisiert *Olmedo Cardenete*, La inducción, 1999, S. 374, „die nicht gerechtfertigte Gleichsetzung mit der Strafe des Täters, die mit allgemeinem Charakter [...] kraft der Art. 28 und 61 spanStGB vorgesehen ist", und schlägt de lege ferenda vor, die „generelle Anordnung eines geringeren Strafrahmens für den Anstifter und die Möglichkeit, fakultativ den abstrakten Strafrahmen der Täterschaft nur für die schwersten Fälle vorzusehen". Anders *Heghmanns*, GA 2000, 482 ff. Ebenso SK / *Hoyer*, § 26 Rn. 3: „Der demgegenüber höhere Strafrahmen für einen Anstifter erklärt sich daraus, dass diesem aufgrund seines Bestimmens zunächst das vom Haupttäter begangene Handlungsunrecht angelastet wird, darüber hinaus aber auch etwaiges aus der Haupttathandlung folgendes Erfolgsunrecht".

77 Vgl. *Olmedo Cardenete*, La inducción, 1999, S. 374 ff.

78 *Gómez Rivero*, La inducción a cometer el delito, 1995, S. 71. Ebenso siehe *Muñoz Conde*, Derecho penal económico, 2001, S. 204; *Muñoz Conde / García Arán*, PG, S. 445 f. Mit weiteren Nachweisen *Sánchez Lázaro*, Intervención delictiva e imprudencia, 2004, S. 425 ff.

fassung, dass die geringere Gefährlichkeit dieser Art von Verhaltensweisen und „die Notwendigkeit einer geringeren Bestrafung für die Anstiftung innerhalb des Strafrahmens, den das Gesetz dem Anwender bei der Bestimmung der Strafe gewährt, stets berücksichtigt werden müssen".[79]

Diese Regelungstechnik schafft Probleme nicht nur bei der Anstiftung. Es führt vielmehr allgemein zu Schwierigkeiten, die an der Tauglichkeit derartiger Tatbestandsfassungen zweifeln lassen, wenn eine Strafverschärfung lediglich im Wege einer Verweisung auf ein qualitativ anderes Rechtsinstitut angeordnet wird, das seinerseits diese Strafverschärfung nicht zu erklären vermag. Denn meiner Meinung nach ist eine Rechtsfigur, die eine Strafverschärfung an ein Moment knüpft, das eine solche nicht rechtfertigt, eine untaugliche Rechtsfigur. Es werden hier auch die Probleme umgangen, die sich sowohl bei der Kausalität in der Beziehung von Anstifter zu Angestiftetem stellen, als auch hinsichtlich der Bestimmtheit des Vorsatzinhaltes.[80] Eine voraussetzungslose Strafverschärfung für den Anstifter erscheint nicht weniger widersinnig als eine Strafbegründung für denjenigen, der sich an der Tat beispielsweise durch die Übergabe alltäglicher Gegenstände oder durch ironische bzw. witzig gemeinte Bemerkungen beteiligt.[81] Wenn der Anstifter genauso wie der Täter bestraft werden soll, darf dies nicht von der zufälligen äußeren Form abhängen, in der sich dieses Verhalten vollzieht, sondern es muss auf die spezifische Gefährlichkeit seiner Handlung ankommen, weil nur sie die materielle Legitimation im Sinne des Art. 28 a) des spanStGB schafft. Nur dann wird der Verhältnismäßigkeitsgrundsatz auf der Gesetzesebene erfüllt und ein adäquater, mit der für Anstiftung vorgesehenen Rechtsfolge quantitativ übereinstimmender Sachverhalt geboten. Jedenfalls sind die Zukunftsaussichten dieses Art. 28 a) – sofern sie überhaupt bestehen – Gegenstand einer noch offenen Frage.

In der vorliegenden Untersuchung möchte ich nur die Aufmerksamkeit auf die Konsequenzen lenken, die sich für die Praxis aus der Wahl der einzelnen Tatbestandsmerkmale für die Formulierung solcher Qualifikationstatbestände im Allgemeinen Teil des StGB ergeben. Wenn man ein strafrechtliches Rechtsinstitut beschreiben möchte, das durch die Schwere seiner Rechtsfolge definiert – bzw. unterschieden – wird, so darf die Wahl seiner Merkmale keine Frage des Zufalls sein. Vielmehr muss die Tauglichkeit jedes einzelnen Merkmals aufgrund seiner Fähigkeit bestimmt werden, den Unwertgehalt dieses Rechts-

---

79 *Olmedo Cardenete*, La inducción, 1999, S. 376, 559 f.

80 Vgl. SK / *Hoyer*, § 26 Rn. 4 ff.

81 Dagegen siehe *Heghmanns*, GA 2000, 486 ff., der auf die „Begleitrisiken" der Anstiftung hinweist. Ebenso SK / *Hoyer*, § 26 Rn. 1 ff.

instituts zu fassen und auszudrücken. Wie ausgeführt geht es darum, „ein strafbares (strafwürdiges und strafbedürftiges) Unrecht als gesteigertes Unrecht" zu umschreiben – auch im Verhältnis zu einem oder mehreren anderen strafrechtlichen Rechtsinstituten. Der Lebenssachverhalt muss tatbestandlich so beschrieben werden, dass er der Rechtsfolge entspricht, die für dieses Rechtsinstitut angeordnet ist. Demgemäß sind hier die unwerthaltigen Merkmale so auszuwählen, dass sie den besonderen Unwertgehalt des jeweiligen Sachverhalts zum Ausdruck bringen, und dass Auslegung ebenso wie Anwendung des Tatbestands vereinfacht werden.

Aus denselben Erwägungen heraus begegnet die in Art. 28 b) des spanStGB enthaltene Definition des Hauptgehilfen Bedenken, auch wenn sie gegenüber einem Definitionsmodell mit vorwiegend subjektiven Komponenten vorzuziehen ist. Die genannte Vorschrift gibt eine zwar unvollständige, im Ansatz aber brauchbare Legaldefinition: „Ebenfalls als Täter ist anzusehen: [...] b) Wer an der Ausführung [der Tat] durch eine Handlung mitwirkt, ohne die sie nicht verwirklicht worden wäre". So versucht der Gesetzgeber, den qualifizierten Unwertgehalt dieser Teilnahmeform auf der Kausalitätsebene wiederzugeben: „nicht verwirklicht worden wäre";[82] d.h. durch ein vorrechtliches und axiologisch neutrales Phänomen. Diese Inkohärenz erklärt einen Großteil der Schwierigkeiten bei der Auslegung dieser Rechtsfigur.[83] Eine Möglichkeit, derartige Probleme zu vermeiden, besteht darin, bei der Legaldefinition dieser anderen qualifizierten Teilnahmeform Begriffe zu verwenden, mit denen sich ihr Unwertgehalt ausdrücken und erklären lässt. Dies kann beispielsweise geschehen, indem Merkmale verwendet werden, die über die Kausalitätsebene hinaus die getroffene Regelung durch den Unwert kennzeichnende Begriffe normativ legitimieren. In Betracht kommen dafür etwa Merkmale wie Erheblichkeit, Relevanz oder – wie in jüngster Zeit von *Durán Seco* vorgeschlagen[84] – einer substanziellen Risikoerhöhung.

Abschließend kann dem Gesetzgeber empfohlen werden, bei der Abfassung von Tatbeständen möglichst nur solche Merkmale einzusetzen, die „dogmatisch neutral" sind.[85] Solange eine wissenschaftliche Diskussion nicht abgeschlossen ist, sollte Neutralität bei einer Regelung angestrebt werden, da andernfalls der Gesetzgeber nicht nur die Weiterentwicklung der Wissenschaft erschweren kann, sondern darüber hinaus die Vorschrift unnötig der Kritik

---

82 Dazu siehe *Cerezo Mir*, FS für Roxin, 2001, S. 556.

83 Eingehend *Sánchez Lázaro*, Intervención delictiva e imprudencia, 2004, S. 386 ff.

84 Vgl. *Díaz y García Conlledo*, Homenaje a Cerezo Mir, 2002, S. 668 Fn. 96.

85 In diesem Sinne *Roxin*, Täterschaft und Tatherrschaft, 2000, S. 539 ff., 544 ff.

und – gewissermaßen auch – dem Schicksal der dem Tatbestand zugrunde gelegten dogmatischen Position aussetzt.[86]

III. Einige Probleme des Besonderen Teils

Die vorstehenden Überlegungen beruhen zwar auf einer kritischen Analyse der zur Tatbestandsebene gehörenden strafrechtlichen Rechtsinstitute, die im Allgemeinen Teil des StGB enthalten sind, sie bieten jedoch gleichermaßen eine Orientierung zur Gestaltung der Vorschriften im Besonderen Teil. Auch hier bestehen die spezifischen Schwierigkeiten hinsichtlich der Bestimmung subjektiver Tatbestandsmerkmale, und auch hier erscheint es notwendig, für die qualifizierten Tatbestände und für die besonders schweren Fälle eines Delikts diejenigen unwerthaltigen Merkmale festzulegen, mit denen sich ihr gesteigerter Unrechtsgehalt erfassen lässt. In Bezug auf diese allgemeinen Aspekte weist die Formulierung einer strafrechtlichen Vorschrift die gleiche Problematik – und die gleichen Lösungsansätze – unabhängig von ihrem Standort in dem einen oder anderen Teil des StGB auf.

Trotzdem überdeckt dies nicht die Tatsache, dass sämtliche im Besonderen Teil erfassten Straftatbestände eine eigene Logik besitzen, die sich in weiten Teilen auf der Grundlage des – konkreten – Rechtsgutsbegriffs entfaltet. Das konkrete geschützte Interesse ist maßgeblich für die Gestaltung der Rechtsinstitute, die zur Abwendung ihnen drohender Gefahren dienen. Aus diesem Grund lassen sich solche Normen nicht immer in Übereinstimmung bringen mit den strukturellen kriminalpolitischen Grundsätzen, die für die Formulierung der strafrechtlichen Vorschriften im Allgemeinen Teil gelten – mehr noch

86 So in Bezug auf den Art. 11 spanStGB siehe zum Beispiel *Silva Sánchez*, El nuevo Código penal, 1997, S. 66 ff. Die Vorschrift lässt sich auch vom Standpunkt der linguistischen Rationalität aus kritisieren. Ihre Formel („Die Straftaten oder Übertretungen, die in der Herbeiführung eines Erfolgs bestehen, werden nur dann als durch Unterlassung begangen angesehen, wenn dessen Nichtvermeidung unter Verletzung einer besonderen Rechtspflicht des Täters nach dem Sinn des Gesetzestextes der Verursachung gleichsteht [...]") widerspricht den Kriterien der Einfachheit und Klarheit (vgl. *Bender*, in: Rationalisierung der Gesetzgebung, 1984, S. 45 ff.; *Hill*, Jura 1986, 65 ff. Ebenso siehe *Schroeder*, GS für Zipf, 1999, S. 153 ff.): Denn sie enthält eine komplizierte Definition in einem langen Satz. Ihre Fachbegriffe (Gleichwertigkeit „im Sinne des Gesetzestextes") erschwert das Verständnis, anstatt es zu erleichtern. Zur linguistischen Rationalität siehe auch *Atienza*, Contribución a una teoría de la legislación, 1997, S. 28 ff.; *Noll*, Gesetzgebungslehre, 1973, S. 248 f.; *Stächelin*, Strafgesetzgebung im Verfassungsstaat, 1998, S. 213 f., der auf die ihr innewohnenden Grenzen hinweist. Ebenso siehe *Baldó Lavilla*, Homenaje a Claus Roxin, 1997, S. 374 f., der neben dem Nachteil des Verlusts an Vorhersehbarkeit den Vorteil größerer Flexibilität der Bedeutungsspielräume hervorhebt.

können sie ihnen gar nicht entsprechen. Zuweilen folgen sie wegen der spezifischen, im Besonderen Teil geschützten Interessen in nicht wenigen Fällen sogar gegenteiligen Grundsätzen.

Ein erstes Beispiel dieser Fallgruppe ist in Art. 368 des spanStGB wie folgt erfasst: „Wer Handlungen des Anbaus, der Verarbeitung oder des Handeltreibens ausführt oder auf andere Weise den gesetzwidrigen Konsum von giftigen Drogen, Betäubungsmitteln oder psychotropen Substanzen veranlasst, fördert oder erleichtert oder sie zu diesen Zwecken besitzt, wird mit Gefängnis von drei bis zu neun Jahren und Geldstrafe in Höhe des Wertes der Droge, die Gegenstand der Straftat war, bis zu deren dreifacher Höhe bestraft, wenn es sich um Substanzen oder Produkte handelt, die schwere Gesundheitsschäden verursachen, sowie mit Gefängnis von einem bis zu drei Jahren und Geldstrafe in Höhe des Wertes bis zu deren zweifacher Höhe in den übrigen Fällen". Die Tatbestandsstruktur dieser Vorschrift erweist sich als besonders interessant, wenn sie unter dem Blickwinkel von Art. 27 ff. des spanStGB analysiert wird, in denen der Gesetzgeber ein dualistisches Modell der Beteiligungsformen im Allgemeinen Teil verankert hat.[87] So werden in die Art. 28 a) und b) nicht nur zwei Rechtsfiguren eingefügt, die sich konzeptionell und materiell von der Täterschaft unterscheiden, sondern es wird auch negativ eine Teilnahmeform in Art. 29 festgesetzt und folgendermaßen definiert: „Gehilfe ist, wer, ohne vom vorhergehenden Artikel erfasst zu sein [in dem die Täterschaft und die anderen beiden Teilnahmeformen definiert sind], an der Ausführung der Tat durch vorausgehende oder gleichzeitige Handlungen mitwirkt". Damit besteht ein Widerspruch zwischen der breiten Tatbestandsstruktur in Art. 368 und dem dogmatischen Konsens hinsichtlich der Zweckmäßigkeit der Entscheidung für ein dualistisches Modell und einen restriktiven Täterbegriff.[88] Allgemein hält die herrschende Meinung es für angebracht, dass die Straftatbestände aufgrund ihrer Rechtsnatur und der besonderen Schwere ihrer Rechtsfolgen, restriktiv gefasst und ausgelegt werden sollen, und dass die Verhaltensweisen, deren Strafbarkeit nicht bereits im Besonderen Teil begründet werden kann, als Teil-

87 Es ist aber darauf hinzuweisen, dass sich der akzessorische Charakter der Teilnahmeformen nicht aus dem Strafgesetzbuch selbst ergibt, sondern von der Lehre und Rechtsprechung ausgeprägt worden ist; dazu siehe eingehend *Díaz y García Conlledo*, La autoría en Derecho penal, 1991, S. 205 ff.; *Peñaranda Ramos*, La participación en el delito, 1990, S. 322 ff. Zu weiteren Nachweisen *Sánchez Lázaro*, Intervención delictiva e imprudencia, 2004, S. 8 ff.

88 In Bezug auf die Entwicklung der modernen deutschen Gesetzgebung siehe auch *Volk*, FS für Roxin, 2001, S. 565, der darauf hinweist, „dass immer mehr Straftatbestände geschaffen werden, die typische Beihilfehandlungen zur Täterschaft hochstilisieren. Das Gesetz zwingt dazu, Gehilfen als Täter zu behandeln".

nahmeformen durch die – dann, nach solchem Verständnis – erweiternden Klauseln in den Art. 28 a) und b) sowie 29 des Allgemeinen Teils des spanStGB zu bestrafen sind.

Entgegen dem dualistischen Modell von Beteiligungsformen im Allgemeinen Teil scheint durch die Gestaltung des Art. 368 ein umfassender Täterbegriff in den Besonderen Teil des StGB eingeführt worden zu sein. Die Abfassung des Sachverhalts und die Ausführlichkeit, mit der die Tatbestandsstruktur gestaltet ist und mit der die Tatbestandsmerkmale beschrieben werden („Handlungen des Anbaus, der Verarbeitung oder des Handeltreibens" und: „auf *andere Weise den gesetzwidrigen Konsum* von giftigen Drogen [...] fördert oder erleichtert oder sie zu diesen Zwecken besitzt"), erwecken den Eindruck, dass hier der Gesetzgeber beabsichtigt, alle strafbaren Beteiligungsformen als Täterschaft zu bestrafen.[89] In diesem Sinne wird beispielsweise nach der Auffassung von *Muñoz Conde* durch „Art. 368 ein '*Einheitstäterbegriff*' eingeführt, nach dem als solcher jeder eingestuft wird, der irgendwie kausal zur Verwirklichung des Erfolgs beiträgt".[90] So meinen auch *Valle Muñiz / Morales García*, dass in dieser Vorschrift „eine irrationale vereinheitlichende Tendenz in Bezug auf Verhaltensweisen der Täterschaft und Teilnahme weiterlebt, obwohl deren Unrechtsgehalt deutlich verschieden ist."[91]

Diese Vorschrift als Teil der kriminalpolitischen Antwort auf das Drogenproblem wird aus kriminalpolitischer Sicht scharf kritisiert.[92] Ihr weitgefasster Aufbau durch Klauseln wie der bezüglich von Handlungen, die „auf andere Weise den gesetzwidrigen Konsum von giftigen Drogen veranlassen, fördern oder erleichtern",[93] spiegeln einen maßlosen Bestrafungseifer wider, der neben anderen Nachteilen zu einer Verundeutli-

---

89 So STS 28.6.2002. Eingehend *Joshi Jubert*, Los delitos de tráfico de drogas, 1999, S. 249 ff. Ebenso siehe *Cerezo Mir*, RDPC 2000/10, 55, der auf die Verwischung der Konturen, die diese Vorschrift in der Kategorien der Täterschaft und Teilnahme hervorruft, hinweist.

90 *Muñoz Conde*, PE, S. 667, der dennoch meint, dass „nichts unter korrekter Anwendung der gesetzlichen Kriterien verhindert, die Beihilfe als minder schweren Fall [...] einzustufen". Ebenso siehe *Boix Reig*, in: Delitos contra la salud pública, 2000, S. 394; *Joshi Jubert*, Los delitos de tráfico de drogas, 1999, S. 251, 304 ff.; *Acale Sánchez*, Salud pública y drogas tóxicas, 2002, S. 119 ff. In der Rechtsprechung siehe ebenso STS 30.1.2001.

91 *Valle Muñiz / Morales García*, Comentarios a la parte especial, 2004, S. 1362, 1364. Ähnlich *López Peregrín*, La complicidad en el delito, 1997, S. 51; *Maqueda Abreu*, La Ley 1998/5, 1555 f.; *Rey Huidobro*, El delito de tráfico de drogas, 1999, S. 165 ff. Anders, unter Relativierung der Wichtigkeit der Legaldefinition *Acale Sánchez*, Salud pública y drogas tóxicas, 2002, S. 118.

92 In diesem Sinne siehe *Díez Ripollés*, La actual política criminal sobre drogas, 1993, S. 584 ff.

93 Kritisch dazu siehe etwa *Boix Reig*, in: Delitos contra la salud pública, 2000, S. 390; *Boldova Pasamar*, AP 2000/2, Rn. 438; *Maqueda Abreu*, La Ley 1998/5, 1555 f.

chung der Umrisse des Tatbestandes führt.[94] Auch wirft diese Rechtsfigur im Hinblick auf den Verhältnismäßigkeitsgrundsatz einige Probleme auf. Dennoch möchte ich zu diesem und weiteren Aspekten technischer Art eine Differenzierung vornehmen.

Meiner Ansicht nach ist die Einführung eines Einheitstäterbegriffs als Ausnahme in den Besonderen Teil des spanStGB nicht unter demselben Blickwinkel zu bewerten, unter dem die Diskussion über den Täterbegriff im Allgemeinen Teil geführt wird. Die Argumente, die zur Durchsetzung der restriktiven Theorien gegenüber dem Einheitstäterbegriff geführt haben, können nicht ohne Weiteres gegen Vorschriften wie die angegebene ins Feld geführt werden. Denn es handelt sich meiner Auffassung nach um verschiedene Problematiken. So ist einerseits darauf hinzuweisen, dass die verschiedenen Theorien und ihre Begründungen allgemein auf dem Modell des Erfolgsdelikts, genauer gesagt, des Totschlagsdelikts aufbauen.[95] Auf der Grundlage dieser und ähnlicher Modelle werden solche Argumente entwickelt und erweisen sich als verständlich, denn in Bezug auf diesen Straftatbestand und das von ihm geschützte Rechtsgut lässt sich das Verhalten identifizieren, das am direktesten gegen „das Verbot (oder Gebot) des Tatbestands, der 'Töten' verhindern soll, verstößt".[96] Handelt es sich aber nun um gänzlich andere Straftatbestände wie die abstrakten Gefährdungsdelikte oder um ein Rechtsgut wie das der Volksgesundheit, so liegen die Dinge wesentlich anders.[97] Denn in diesen Fällen stellt sich die Identifizierung – falls überhaupt möglich – der sich der Norm am direktesten widersetzenden Handlungen als wesentlich komplexer dar. Zwar trifft es zu, dass der restriktive Täterbegriff generell eine bessere Abgrenzung des Tatbestands erlaubt. Bei reinen Erfolgsdelikten aber erweist sich dieser Aspekt aufgrund der Unklarheit ihrer gesetzlichen Beschreibung als absolut notwendig. Denn hier erlaubt er die Identifizierung des an erster Stelle für die Begehung der strafbaren Handlung Verantwortlichen – etwa desjenigen, der die Tat beherrscht – und konkretisiert gleichzeitig das tatbestandsmäßige Verhalten: Nach Art. 138 des spanStGB bedeutet dann Töten die Tatherrschaft über einen Verletzungsablauf, der den Tod einer Person verursacht. Demgegenüber kommen solche Gründe nicht mit gleicher Intensität bei den Straftaten zum Tragen, die bereits tatbestandlich genau umschrieben sind.

---

94 So etwa *Boix Reig*, in: Delitos contra la salud pública, 2000, S. 390 ff.

95 Erklärend *Muñoz Conde*, PE, S. 38 f.

96 So etwa *Díaz y García Conlledo*, La autoría en Derecho penal, 1991, S. 494.

97 In diesem Sinne meint *Volk*, FS für Roxin, 2001, S. 572: „Verantwortlich für den Trend zur Einheitstäterschaft sind also, in Schlagworten zusammengefasst, in kriminalpolitischer Hinsicht der Angriff von Organisationen und in dogmatischer Beziehung der Angriff auf Institutionen. Genauer gesagt, ist die Möglichkeit, Täterschaft und Teilnahme zu unterscheiden, vom Grad der Abstraktion des Rechtsguts abhängig".

Aus diesen Gründen scheint es nicht gänzlich verfehlt, im Besonderen Teil des Strafgesetzbuches Tatbestände festzulegen, die alle Beteiligungsformen als Täterschaft erfassen.[98] Denn in einigen Fällen lassen sich in Bezug auf ein bestimmtes Rechtsgut keine wesentlichen Unwertsunterschiede zwischen den einzelnen Verhaltensweisen feststellen. Zwar besteht beim Totschlag ein substanzieller Unterschied zwischen dem Verhalten des Handelnden, der dem Totschläger die Waffe übergibt, und dem Totschläger selbst besteht: Letztgenannter ist es nämlich, der den Beginn der Ausführungsphase beschließt, der die Handlung mit einem Höchstmaß an Gefährlichkeit ausführt und der die Rechtsgutsverletzung vollendet. Bei anderen Straftaten wie beispielsweise dem Drogenhandel sind hingegen keine besonderen Unwertunterschiede zwischen den Verhaltensweisen derjenigen festzustellen, welche die Handlungen des Anbaus durchführen, und denjenigen, welche die Drogen zu den Orten transportieren, an denen sie verkauft oder gelagert werden sollen, ja nicht einmal zwischen solchen Verhaltensweisen und denjenigen der am Ende der Vertriebskette handelnden Personen. Im Hinblick auf das geschützte Rechtsgut und die ihm entsprechende Gestaltung des Tatbestands als abstraktes Gefährdungsdelikt lassen sich nämlich keine wesentlichen Unterschiede zwischen den einzelnen Beteiligungsformen erkennen. In diesen Fällen erweist sich die Bestimmung des – täterschaftlichen – Verhaltens, das am direktesten gegen das in der konkreten tatbestandlichen Norm enthaltene Verbot oder Gebot verstößt, als undurchführbar. Daher kann sich in bestimmten Ausnahmefällen ein Deliktsmodell empfehlen, das diejenigen Verhaltensweisen als Täterschaft erfasst, die allgemein als Teilnahme durch Art. 28 a) und b) sowie 29 des spanStGB bestraft werden. Denn aufgrund der Besonderheiten des Rechtsguts und der Struktur der Vorschrift sind die Gründe nicht einschlägig, die generell für das dualistische Modell sprechen.

Es ist aber aufgrund der Rechtsnatur solcher Vorschriften im Allgemeinen vorzuziehen, dass sie vom Gesetzgeber restriktiv formuliert werden. Andererseits werden sich Gründe für einen Einheitstäterbegriff im Besonderen Teil nur ausnahmsweise finden lassen, so dass das vom Gesetzgeber in Art. 27 ff. eingeführte dualistische Modell nicht grundsätzlich in Frage gestellt werden kann.[99]

Die Entscheidung für ein derartiges Modell muss gleichwohl gewissen Gestaltungsregeln unterworfen werden. Beschließt der Gesetzgeber nämlich, eine Vorschrift den allgemeinen Täterschaftskriterien zu entziehen, so muss er ver-

---

98 Allgemein zur Festlegung von Ausnahmen siehe *Hill*, Jura 1986, 64 f.

99 Zu Recht weist *Noll*, Gesetzgebungslehre, 1973, S. 210, darauf hin, dass die Anzahl der Ausnahmen, die von einer allgemeinen Regelung gemacht werden müssen, einen Gradmesser für ihre Sachangemessenheit bildet.

suchen, auf Gesetzesebene das *Mehr* an Bestimmtheit herzustellen, das sonst von diesen herkömmlichen Täterschaftskriterien gewährleistet wird. Das heißt, wenn Täter im Sinne des Art. 368 des spanStGB nicht nur derjenige ist, der über die tatbestandsmäßige Handlung herrscht oder die Zuständigkeit für die Risikoquelle innehat, muss geklärt werden, welche anderen konkreten Verhaltensweisen die Täterschaft begründen, ob – dem Beispiel in Art. 368 folgend – als Täter schon derjenige gilt, der die Handlungen des Anbaus ausführt, oder erst derjenige, der die Verarbeitung und das Handeltreiben vornimmt. In jedem Fall scheint die Einführung von solchen Klauseln ungeeignet, die das Strafbare auf jegliches Verhalten ausdehnen, das „auf andere Weise den gesetzwidrigen Konsum von giftigen Drogen, Betäubungsmitteln oder psychotropen Substanzen veranlasst, fördert oder erleichtert", und dadurch die Konturen des Tatbestands vollständig verwischen. In diesem Sinne vermittelt Art. 368 des spanStGB den Eindruck, dass es ihm – über die fehlende Übereinstimmung zwischen dem Sachverhalt und dem legitimierenden rechtstatsächlichen Grund hinaus – vor allem an jeglicher vorheriger Klärung der materiellen Bedeutung des Problems und der strafrechtlichen Relevanz der von seinem Wortlaut erfassten Verhaltensweisen mangelt, so dass seine gesetzliche Gestaltung die formale Subsumtion eines breiten Spektrums von Verhaltensweisen erlaubt, die selbst jeglicher Gefährlichkeit für die Volksgesundheit entbehren.

Daher ist es fragwürdig, wenn der Gesetzgeber durch solche Modelle eine Ausdehnung des Bereichs des Strafbaren über die Täterschaftskriterien im Allgemeinen Teil des spanStGB hinaus einzuführen versucht. Wird nämlich in Art. 27 ff. des StGB entschieden, dass „für Straftaten und Übertretungen [nur] die Täter und die Gehilfen strafrechtlich verantwortlich sind", und ist dabei als Gehilfe nur derjenige Beteiligte strafbar, der ohne Täter, Anstifter oder Hauptgehilfe zu sein, „an der Ausführung der Tat durch vorausgehende oder gleichzeitige Handlungen mitwirkt", dann darf er durch Regelungen wie in Art. 368 die Strafbarkeit nicht sogar auf Verhaltensweisen ausdehnen, die in Verbindung mit anderen Straftatbeständen nicht einmal Beihilfe begründen würden. Denn dies ist eine der möglichen Auslegungen – und Gefahren – der weiten Fassung des Art. 368. Ein solches Vorgehen würde nicht nur axiologische Widersprüche hervorrufen. Denn es ist nicht stimmig, wenn einerseits bestimmte Verhaltensweisen im Vorfeld einer vorsätzlichen, mit Grausamkeit und Heimtücke begangenen Tat noch als erlaubt riskant gelten und damit straflos bleiben, während sie andererseits aber schon strafbar sind, wenn von ihnen lediglich ein gewisser Gefährdungsgrad für die Volksgesundheit ausgeht. Es geht hier nicht um subjektive Einschätzungen, sondern ich beziehe mich auf die jeweils gesetzlich angeordnete Sanktion.[100] Genauso begünstigt eine solche Tatbestandsstruktur eine *ad hoc*-Absenkung der Untergrenzen des Strafbaren für ein bestimmtes Verhalten. Dies entspricht nicht der dogmatischen Entwicklung der Beihilfe. Außer offensichtlichen Problemen der Rechtssicherheit gestattet die Gestaltung des objektiven Tatbestands dieser Rechtsfigur die Lösung eines Gutteils der umstrittenen Fälle in Bezug auf den Drogenhandel,[101] denn Verhaltensweisen wie das schlichte Begleiten oder das Anzeigen des Verkaufsorts der Drogen könnten nur schwer als Beihilfe im Sinne von Art. 29 des spanStGB erfasst werden.

Um Zweifel auszuräumen und eine *ad hoc*-Ausdehnung der Untergrenzen des Strafbaren zu vermeiden sowie um die innere Systematik des Strafgesetzbuchs zu stärken, ist eine Regelung vorzuziehen, durch die, nach geeigneter Abgrenzung der täterschaftlichen Verhaltensweisen, zum Beispiel festgelegt wird: „2. Ebenso wird die Täterschaft dieser Straftat durch diejenige Verhaltensweisen begründet, die in Art. 28 Absatz 2 und 29 dieses StGB als Teilnahmeformen vorgesehen sind".[102] Auf diese Weise werden nicht nur in größerem Maße die Ausnahmen verringert, die im Besonderen Teil zum – im Allgemeinen Teil vorgesehenen – generellen Modell der Beteiligungsformen festgelegt sind, sondern es verbindet sich damit auch ein Gewinn an Systematik. Außerdem werden eventuelle Probleme der Verhältnismäßigkeit und die beschriebenen Inkohärenzen vermieden.

Ein anderes den Täterbegriff ausdehnendes Modell ist in Art. 576 des spanStGB in Bezug auf den Tatbestand der Beteiligung an einer terroristischen Vereinigung enthalten. So ist in Absatz 1 festgelegt, dass „mit Gefängnis von fünf bis zu zehn Jahren und Geldstrafe von 18 bis zu 24 Monaten bestraft wird, wer eine Mitwirkungshandlung zu den *Tätigkeiten oder Zielen* einer bewaffneten Bande, terroristischen Organisation oder Gruppe ausführt, darum ersucht oder sie erleichtert". Während in Absatz 2 hingegen erklärt wird, „Mitwirkungshandlungen sind die Information über oder die Überwachung von Personen, Gütern oder Anlagen; die Errichtung, Herrichtung, Überlassung oder

100 Und das trotz der Probleme der Verhältnismäßigkeit, die diese Vorschrift aufwirft, vgl. STS 1.12.1997.

101 Vgl. *Sánchez Lázaro*, Intervención delictiva e imprudencia, 2004, S. 376 ff.

102 Allgemein zu diesen Kauseln siehe *Salvador Coderch*, in: La forma de las leyes, 1986, S. 224 ff., in Bezug auf ihre systematische Funktion, S. 229 ff. Die Komplexität der Verweisung auf Art. 28 gegenüber Art. 29 spanStGB ist einer der Gründe dafür, aus denen heraus die Nummerierung der Artikel zweckmäßig erscheint. Daher hätte es genügt, ohne weitere Klärungen auf Art. „28.2" zu verweisen. In diesem Sinne siehe *Castiñeira Palou*, in: La forma de las leyes, 1986, S. 118; ebenso *Kirchner / Andúgar*, in: La forma de las leyes, 1986, S. 246 f.

Verwendung von Unterkünften oder Lagern; das Verbergen oder die Verbringung von Personen, die mit den bewaffneten Banden, terroristischen Organisationen oder Gruppen in Verbindung stehen; das Organisieren von Ausbildungsübungen oder die Teilnahme daran und *allgemein jede andere entsprechende Form* der finanziellen oder andersartigen Mitwirkung bei, Hilfe zu oder Vermittlung von Tätigkeiten der genannten bewaffneten Banden, terroristischen Organisationen oder Gruppen". Meiner Ansicht nach – und unabhängig von der kriminalpolitischen Tauglichkeit der Vorschrift – ist die Konzeption verfehlt, die der Gesetzgeber bei der Beschreibung des strafbaren Verhaltens zugrunde legt. Ihr Mangel ergibt sich aus der besonderen Natur der weiten – Entsprechungs-, also – Gleichwertigkeitsklausel, mit der das Spektrum strafbarer Verhaltensweisen erweitert wird durch Verweisung auf ausdrücklich beschriebene Tatbestände.[103] Denn dies erfordert eine gewisse Homogenität der Verhaltensweisen, auf die verwiesen wird. Fasst der Gesetzgeber in einem Straftatbestand so verschiedenartige Handlungsformen – sowohl die „Mitwirkung an [terroristischen] Tätigkeiten" als auch an „Zielen", die im Prinzip auch legitim sein können – gegenüber so verschiedenen Rechtsgütern wie dem öffentlichen Frieden und der verfassungsmäßigen Ordnung[104] zusammen, dann ergibt sich keine homogene Gesamtheit von Verhaltensweisen, in Bezug auf die sich eine Gleichwertigkeit feststellen ließe. Ihre Einführung erfordert daher eine größere Differenzierung auf der Gesetzesebene.

Aber nicht alle im Besonderen Teil enthaltenen Ausnahmen zu den strafrechtlichen Rechtsinstituten im Allgemeinen Teil des spanStGB verdienen eine positive Bewertung. Ein deutliches Beispiel sind die genannten „Generalklauseln der Fahrlässigkeit mit beschränktem Umfang", durch welche die unlösbaren Probleme hinsichtlich der Auslegung und demzufolge der Rechtssicherheit reproduziert werden, die schon im alten Regelungssystem der Fahrlässigkeit nach dem früheren StGB bestanden.

Bekanntermaßen ist eine der wichtigsten Neuerungen im neuen spanStGB in Art. 12 ausdrücklich geregelt: „Fahrlässige Handlungen oder Unterlassungen werden nur bestraft, wenn das Gesetz dies ausdrücklich bestimmt". Durch die Einführung dieser Vorschrift und im Gegensatz zu dem allgemeinen Strafbarkeitsmodell für fahrlässige Verhaltensweisen in den Art. 565, 586 bis und 600 des früheren spanStGB statuiert der Gesetzgeber – wenn auch in Art. 12 ledig-

---

103 Eingehend *Navarro Frías*, Anales de la Facultad de Derecho de la ULL 2003, Rn. 99 ff.

104 So siehe *Navarro Frías*, Anales de la Facultad de Derecho de la ULL 2003, Rn. 111, 131, 136; zu den von dieser Rechtsfigur aufgeworfenen Problemen der Bestimmtheit und Verhältnismäßigkeit, Rn. 108 ff., 120 f., 131 ff.

lich formal[105] – hier den Ausnahmecharakter der Strafbarkeit der Fahrlässigkeit und entspricht so den zahlreichen dogmatischen Forderungen in dieser Hinsicht.[106] Dennoch verraten einige der für die Strafbarkeit fahrlässiger Verhaltensweisen getroffenen Regelungen, dass die Umsetzung dieses Grundsatzes im Besonderen Teil des spanStGB nicht ganz konsequent erfolgt ist. Im Widerspruch zum Ausnahmecharakter der Strafbarkeit fahrlässigen Verhaltens und vor allem zum Prinzip der *ultima ratio*, zum Bestimmtheitsgebot und zum Aspekt des geringeren Unwertgehalts[107] wird es im Besonderen Teil mittels einiger Generalklauseln – wenn auch mit begrenztem Anwendungsbereich – doch unter Strafe gestellt. Damit werden wieder die Probleme verursacht, die bereits nach der früheren Regelung bestanden. So regelt zum Beispiel Art. 331 in Bezug auf die Straftaten gegen die Umwelt und natürlichen Ressourcen: „Die in diesem Kapitel aufgeführten Taten werden gegebenenfalls mit der [...] [entsprechend] niedrigeren Strafe geahndet, wenn sie durch schwere Fahrlässigkeit begangen wurden“. Auf ähnliche Weise bestimmt Art. 367 in Bezug auf Straftaten gegen die Volksgesundheit: „Wurden die in allen vorhergehenden Artikeln aufgeführten Taten durch schwere Fahrlässigkeit begangen, sind jeweils die [...] [entsprechend] niedrigeren Strafen zu verhängen“.[108]

Wie im alten StGB wird auch durch diese Generalklauseln erneut die Frage aufgeworfen, welches konkrete Verhalten als fahrlässig zu bewerten ist. Die Möglichkeit auch fahrlässiger Verwirklichung dieser Tatbestände führt zu beträchtlichen dogmatischen Schwierigkeiten und öffnet, wie die Erfahrung gezeigt hat,[109] künftigen Schwankungen in der Rechtsprechung die Tür. Dies alles beeinträchtigt die Rechtssicherheit und bedeutet eine – ebenso klare und schwerwiegende wie leicht vermeidbare – Verletzung des Bestimmtheits-

---

105 Unter Hinweis auf die überflüssige Natur solcher Klauseln siehe bereits *Mir Puig*, RFDUC 1980, 46 f., 49. Ebenso siehe *Romeo Casabona*, in: Presupuestos para la reforma penal, 1992, S. 16 f.; *ders.*, Homenaje a Cerezo Mir, 2002, S. 941 f. Anderer Meinung anscheinend *Sáinz-Cantero Caparrós*, La codelincuencia en los delitos imprudentes, 2001, S. 109, für den „der Art. 12 die Bestrafung der fahrlässigen Taten auf jene Fälle begrenzt, in denen dies für einen konkreten Tatbestand im Gesetz ausdrücklich angeordnet wird“.

Anm. d. Übers.: So sah etwa Art. 565 Abs. 1 des früheren spanStGB vor: „Wer aus grober Fahrlässigkeit eine Tat begeht, die auch als vorsätzliches Delikt begangen werden kann, wird mit Gefängnis von sechs Monaten und einem Tag bis zu sechs Jahren Gefängnis bestraft“; ähnlich vgl. Art. 586 bis 600 des früheren spanStGB.

106 *Eingehend Cerezo Mir*, PG I, 4. Aufl., 1994, S. 407 ff.

107 A.a.O.

108 *Romeo Casabona*, Homenaje a Cerezo Mir, 2002, S. 942 ff.

109 Vgl. *Cerezo Mir*, PG I, 4. Aufl., 1994, S. 409 ff.

grundsatzes.[110] Die genannten Folgen lassen sich am Beispiel der Verweisung von Art. 331 auf Art. 329.1 des spanStGB verdeutlichen. Danach wird bestraft „der Amtsträger oder Beamte, der wissentlich zur Erteilung einer offenkundig gesetzwidrigen Erlaubnis ein zustimmendes Gutachten abgegeben hat, mit der das Betreiben verunreinigender Gewerbe oder Tätigkeiten genehmigt wird, auf die sich die vorhergehenden Artikel beziehen, oder der anlässlich von Kontrollen den Verstoß gegen allgemeine Gesetze oder rechtliche Bestimmungen, die diese Gewerbe oder Tätigkeiten regeln, verschwiegen hat".[111]

In dieser Vorschrift bietet bereits der ausdrückliche Bezug auf den Vorsatz durch die Komponente „wissentlich" Anlass zu Meinungsstreitigkeiten. Während nach Auffassung einiger Autoren die Einführung solcher subjektiven Elemente – schon auf begrifflicher Ebene – eine fahrlässige Begehbarkeit der Tat ausschließt,[112] lehnen andere diese Argumentationslinie rundweg ab. So verweist zum Beispiel *Romeo Casabona* unter anderem darauf, dass im spanStGB mehrere Straftatbestände enthalten seien, die auf eine nur vorsätzliche Begehbarkeit hindeuten. Dennoch werde darin auch die fahrlässige Begehung über eine direkte Verweisung auf diesen Vorsatztatbestand mit Strafe bedroht. Dies belege eindeutig, dass solche den Vorsatz besonders kennzeichnenden Merkmale kein Hindernis für die Begründung eines Tatbestands der fahrlässigen Begehung darstellten.[113]

Es sind jedoch auch wichtige systematische Argumente sowohl für als auch gegen die Möglichkeit einer fahrlässigen Verwirklichung des in Art. 329.1 geregelten Tatbestands zu finden. Auf der einen Seite kann fahrlässige Rechtsbeugung durch Richter nach Art. 447 bestraft werden, obwohl in Art. 446 die vorsätzliche Begehbarkeit zusätzlich durch das Merkmal „wissentlich" eigens hervorgehoben ist.[114] Auf der anderen Seite wird in Art. 404 allein die vorsätzlich begangene Rechtsbeugung durch sonstige Amtsträger strafbar gestellt. Gleiches gilt für Art. 320 mit seinem Spezialtatbestand für die besondere

---

110 Vgl. *Roxin*, AT I, S. 125 ff.

111 Allgemein zur Problematik bezüglich der Anwendung dieser Vorschrift *Alastuey Dobón*, RDPC 2002/9, 15 ff.

112 Dieses Argument verwendet beispielsweise *Silva Sánchez*, El nuevo Código penal, 1997, S. 98, nach dessen Auffassung „gegen die Inkriminierung der fahrlässigen Begehung dieses Tatbestands spricht, [...] dass Art. 329 eine Formulierung enthält, die herkömmlicherweise die fahrlässige Begehung ausschließt" ('wissentlich'). Ebenso siehe *Terradillos Basoco*, in: Derecho penal del medio ambiente, 1997, S. 55.

113 *Romeo Casabona*, Homenaje a Cerezo Mir, 2002, S. 946 f. Ebenso siehe *Alastuey Dobón*, RDPC 2002/9, 51. Im Allgemeinen *Cerezo Mir*, PG I, 4. Aufl., 1994, S. 410 ff.

114 Siehe etwa *Alastuey Dobón*, RDPC 2002/9, 26 Fn. 51. Ebenso *Silva Sánchez*, El nuevo Código penal, 1997, S. 98.

Rechtsbeugung im Bereich des Städtebauwesens. Dass die Rechtsbeugung im Umweltbereich sowohl vorsätzlich als auch fahrlässig begehbar sein soll, während sich die Strafbarkeit im Bereich Städtebauwesen auf die Vorsatztat beschränkt, lässt sich im Hinblick auf ihre strukturelle Ähnlichkeit, den materiellen Unrechtsgehalt sowie die jeweils angeordnete Sanktion nicht mit den Grundsätzen der *Gleichbehandlung* und der *Verhältnismäßigkeit* vereinbaren."[115] Unabhängig davon, welche der Thesen mehr zu überzeugen vermag, zeigen bereits die verschiedenen Auslegungsmöglichkeiten und die für die jeweiligen Positionen ins Feld geführten Argumente zweifelsfrei, dass diese Technik der Tatbestandsgestaltung nicht das erforderliche Maß an Rechtssicherheit bietet.

Hinzu kommt die schwierige dogmatische Frage, ob sich diese Straftatbestände überhaupt fahrlässig verwirklichen lassen. Denn viele der Tatbestände, auf die verwiesen wird, stellen keine Erfolgsdelikte dar.[116] Das wirft die Frage auf, ob eine fahrlässige Begehung angesichts dieser Struktur als einfaches Tätigkeitsdelikts in Betracht kommen kann. Im Hinblick darauf unterscheidet *Romeo Casabona* zunächst zwischen bewusster und unbewusster Fahrlässigkeit. Bei der bewussten Fahrlässigkeit sieht er auf der Ebene des objektiven Tatbestands sowie des Wissenselements im subjektiven Tatbestand keinen Unterschied zum Vorsatzdelikt. Dies gelte, so *Romeo Casabona*, bei Tätigkeitsdelikten auch für das Willenselement, weil der Tatbestand einen Erfolg nicht voraussetze. Hier beziehe sich das Willenselement nur auf die gefährliche Handlung selbst. Ein struktureller Unterschied zum vorsätzlichen Delikt bestehe also nicht.[117] Daraus schließt *Romeo Casabona*, dass in diesen Fällen eine Verweisung auf den Tatbestand eines vorsätzlichen schlichten Tätigkeitsdelikts dogmatisch nicht akzeptiert werden könne, „da eine vollkommene Übereinstimmung zwischen diesem und seiner Verwirklichung in bewusster Fahrlässigkeit besteht".[118] Diese Auffassung führt jedoch zu dem Wertungswiderspruch, dass die bewusste Fahrlässigkeit im Gegensatz zur unbewussten straflos bleibt,[119] ein Aspekt, der sowohl im Hinblick auf die Gefährlichkeit des Verhaltens als auch auf den Verhältnismäßigkeitsgrundsatz Zweifel hervorruft.

---

115 *Silva Sánchez*, El nuevo Código penal, 1997, S. 99. Anders *Alastuey Dobón*, RDPC 2002/9, 26 Fn. 51.

116 *Romeo Casabona*, Homenaje a Cerezo Mir, 2002, S. 943; *ders.*, RPCP 2002/12, 146 f. Mit Bezug auf die Straftaten gegen die Volksgesundheit *ders.*, RDP 2001/4, 24. Ebenso siehe Escajedo San Epifanio, AP 2000, Rn. 803 ff.

117 *Romeo Casabona*, Homenaje a Cerezo Mir, 2002, S. 957, 962. Vgl. *Roxin*, AT I, S. 943.

118 *Romeo Casabona*, Homenaje a Cerezo Mir, 2002, S. 957, 962. Vgl. *Roxin*, AT I, S. 943.

119 Vgl. *Romeo Casabona*, Homenaje a Cerezo Mir, 2002, S. 959 f.

Die Komplexität dieser Problematik sowie die Tatsache, dass sie sich aus einer gesetzlichen Verweisung ergibt, die allenfalls durch Gründe gesetzgeberischer Ökonomie zu rechtfertigen ist, gibt Anlass dazu, ihre Ablehnung ohne jegliche Ausnahme zu befürworten. Deshalb meint *Romeo Casabona* zu Recht, dass „die von solchen Verweisungsklauseln hervorgerufene dogmatische Konfusion sowie die fragliche Zweckmäßigkeit der Ahndung von einfachen fahrlässigen Tätigkeitsdelikten besonders bei Tatbeständen zum Schutz von kollektiven Rechtsgütern aufgrund ihres geringen materiellen Unrechts es angeraten erscheinen lassen, solche Klauseln als Tatbestandsbildungstechnik [...] zu vermeiden. Es sei vielmehr eine individuelle Tatbestandsbildung vorzuziehen. Dies führe nicht nur zu größerer Rechtssicherheit, weil der Unrechtscharakter des inkriminierten Verhaltens deutlicher hervortrete, sondern zwinge den Gesetzgeber auch dazu, die absehbaren dogmatischen und kriminalpolitischen Folgen jedes fahrlässigen Tatbestands sorgfältig und einzelfallbezogen abzuwägen“.[120]

Wie bereits aufgeführt, besitzen sämtliche Straftatbestände im Besonderen Teil ihre eigene vom Rechtsgut herrührende Logik. Das Rechtsgut bedingt und lenkt entscheidend die Gestaltung eines Straftatbestands, mit dem – direkt oder indirekt – sein strafrechtlicher Schutz erfolgen soll. Die Auswahl der verschiedenen deskriptiven und unwerthaltigen Komponenten, die für jeden der Straftatbestände im Besonderen Teil des StGB gebildet werden müssen, die Zweckmäßigkeit ihrer Einführung in die Legaldefinition sowie ihre eventuellen Nachteile sind allein aus der Perspektive des Rechtsguts, also des konkret zu schützenden Interesses zu bewerten. Ist die unwerthaltige Komponente hinreichend bestimmt und geeignet, den Unwertgehalt des Straftatbestands zum Ausdruck zu bringen, so hängt es vom jeweils geschützten Interesse ab, ob eine Verweisung auf außerstrafrechtliche Normen oder eine Beschränkung auf bestimmte Begehungsweisen wie etwa Gewalt oder Bedrohung kriminalpolitisch sinnvoll erscheint.

Wenn beispielsweise durch einen Straftatbestand die „Arbeits- oder Sozialversicherungsbedingungen“ geschützt werden, die den Arbeitnehmern aufgrund gesetzlicher Vorschriften, Tarifverträgen oder Einzelverträgen zustehen, wie es in Art. 311 des spanStGB der Fall ist,[121] dann kann sich eine Verweisung auf

120 *Romeo Casabona*, Homenaje a Cerezo Mir, 2002, S. 962. Ebenso siehe *Feijóo Sánchez*, CPC 1997/62, 317 Fn. 30; *Silva Sánchez*, Delitos contra el medio ambiente, 1999, S. 170.

121 In diesem Sinne siehe bereits *Arroyo Zapatero*, Manuel de Derecho penal del trabajo, 1988, S. 24. Ebenso *Baylos Grau / Terradillos Basoco*, Derecho penal del trabajo, 1997, S. 74; *Martínez-Buján Pérez*, Derecho penal económico, 2002, S. 541 f. Anders

außerstrafrechtliche Normen, in denen derartige Rechte und Arbeitsbedingungen erfasst sind, als zweckmäßig erweisen. Dies gilt, obwohl auf diese Weise gleichzeitig die Anzahl von – potentiellen – Rechtsgutsinhabern beschränkt wird, die durch den Schutzbereich dieses Straftatbestands in der Arbeitswelt begünstigt werden. Denn implizit wird gefordert, dass die Opfer auch Arbeitnehmer im Sinne der außerstrafrechtlichen Normen sind, auf die sich die strafrechtliche Vorschrift bezieht. Dagegen kommt eine Verweisung auf außerstrafrechtliche Normen nicht in Betracht, wenn es um den Schutz bestimmter allgemeiner Rechtsgüter geht, die nicht lediglich einer bestimmten Gruppe von Arbeitnehmern zuerkannt sind. Eine Verweisung hätte nämlich hier zur Folge, dass gerade diejenigen vom Schutzbereich ausgeschlossen bleiben, die dieses Schutzes am dringendsten bedürfen. Genau dieser Effekt ist aber durch Art. 316 f. des spanStGB eingetreten.

Nach in der Lehre verbreiteter Meinung schützen diese Vorschriften ganz konkrete Rechtsgüter: Leben, Gesundheit und körperliche Unversehrtheit der Arbeitnehmer.[122] Das heißt, es handelt sich um individuelle Rechtsgüter, deren Inhaberschaft sich auf keinen Fall auf die in den außerstrafrechtlichen Normen erfassten Arbeitnehmer beschränkt, auf die sich beide Vorschriften durch die folgenden Klauseln berufen: „trotz gesetzlicher Verpflichtung" und „unter Verstoß gegen die Vorschriften zur Verhütung von Gefahren am Arbeitsplatz".[123] Aus eben diesem Grund erscheint es widersprüchlich, den strafrechtlichen Schutz ausschließlich denjenigen vorzubehalten, deren Tätigkeit durch die Verweisung auf außerstrafrechtliche Normen erfasst wird. Hier weicht der Schutzbereich des Strafrechts von demjenigen des Arbeitsrechts ab. Die Verweisung auf außerstrafrechtliche Normen schließt Opfer aus, die noch verletz-

---

Lascuraín Sánchez, in: Compendio de Derecho penal, 1998, S. 633. Zu weiteren Nachweisen *Sánchez Lázaro*, RDPC 2004/13, 21 Fn. 34.

122 Eingehend *Aguado López*, El delito contra la seguridad en el trabajo, 2002, S. 80 ff.; *Pérez Manzano*, Relaciones laborales 1997/I, S. 271 ff.; *Tamarit Sumalla*, Comentarios a la parte especial, 2004, S. 1086 f.; *Terradillos Basoco*, Derecho penal de la empresa, 1995, S. 99. *Anders Navarro Cardoso*, Los delitos contra los derechos de los trabajadores, 1998, S. 29. Zu weiteren Nachweisen *Sánchez Lázaro*, RDPC 2004/13, 20 Fn. 32.

123 Konkret sieht Art. 316 des spanStGB vor: „Wer unter Verstoß gegen die Vorschriften zur Verhütung von Gefahren am Arbeitsplatz und trotz gesetzlicher Verpflichtung nicht die erforderlichen Mittel bereitstellt, damit die Arbeitnehmer ihre Tätigkeiten unter angemessenen Sicherheits- und Hygienevorkehrungen ausüben, und so deren Leben, Gesundheit und körperliche Unversehrtheit schwer gefährdet, wird mit Gefängnis von sechs Monaten bis zu drei Jahren und Geldstrafe von sechs bis zu zwölf Monaten bestraft"; während Art. 317 lautet: „Wird die Straftat, auf die sich der vorhergehende Artikel bezieht, durch schwere Fahrlässigkeit begangen, ist sie mit der entsprechend niedrigeren Strafe zu bestrafen".

licher sind als diejenigen, die von der außerstrafrechtlichen Norm geschützt werden, und erweist sich daher als inkohärent. Durch Art. 316 f. des spanStGB sind also tatbestandsmäßige Strukturen gestaltet worden, die den strafwürdigen Bereich nicht vollständig abdecken.

Vor der Schaffung eines Straftatbestands im Besonderen Teil ist eine rationale – also unter Beteiligung der Wissenschaft erfolgende – Reflexion über das Interesses erforderlich, das er schützen soll.[124] Nur aufgrund einer solchen Reflexion kann sinnvollerweise die Tatbestandsstruktur des entsprechenden Delikts festgelegt werden. Von dem des strafrechtlichen Schutzes für würdig erachteten konkreten Interesse ist das strafrechtlich relevante Verhalten abzugrenzen.[125] Hier sind die Verhältnismäßigkeit und die Schutztauglichkeit der Vorschrift zu bewerten. Die im Gesetz zu treffende Regelung muss sich als eine angemessene Reaktion auf die für strafwürdig erachtete Problematik darstellen. Darüber hinaus müssen die einzelnen Tatbestandsmerkmale daraufhin überprüft werden, ob sie dem Bestimmtheitsgrundsatz genügen und geeignet sind, den sozialen Unwertgehalt auszudrücken und das strafrechtlich relevante Verhalten möglichst exakt zu beschreiben.[126] Ebenso müssen die verschiedenen gesetzlichen Optionen für eine Regelung miteinander verglichen und ihre jeweilige Tauglichkeit zur Erfüllung der dem Straftatbestand zugewiesenen kriminalpolitischen Funktion bewertet werden.[127]

Vor diesem Hintergrund ist beispielsweise festzustellen, dass die Tatbestandsstrukturen in Art. 316 f. des spanStGB nicht den Rechtsgüterschutz bewirken, der gemäß ihrem Wortlaut – und der herrschenden Meinung – von diesen Tatbeständen gewährleistet werden soll. Denn mit den einzelnen bei ihrer Gestaltung verwendeten Merkmalen ist der legitimierende, materiell problematische und einer strafrechtlichen Antwort bedürftige Bereich nicht angemessen zu erfassen.

Wird für den strafrechtlichen Schutz von Rechtsgütern optiert, die nur einer speziellen Gruppe von Inhabern zusteht, scheint es im Prinzip logisch, dass

124 Am Beispiel des Wirtschaftsstrafrechts siehe zuletzt *Paredes Castañón*, RDPC 2003/11, 99 ff. Zur üblichen Konkretisierung strafwürdigen Verhaltens kritisch bereits *Noll*, Gesetzgebungslehre, 1973, S. 80 ff. Erklärend siehe ebenso *Hill*, Jura 1986, 61 ff.

125 So etwa *Günther*, JuS 1978, 9 ff.; *Paredes Castañón*, RDPC 2003/11, 143 ff.; *Stächelin*, Strafgesetzgebung im Verfassungsstaat, 1998, S. 55 ff., 91 ff. Ebenso siehe *Díez Ripollés*, Jueces para la Democracia 1997/30, 17, der in Bezug auf den Rechtsgutsbegriff darauf hinweist, „dass in der Entstehungsphase eines Gesetzes die besten Chancen dafür bestehen, dem Recht zu größtmöglicher Durchsetzung zu verhelfen".

126 Wegen der Unmöglichkeit, auf Anhieb sämtliche Aspekte zu erkennen, die für die Gestaltung einer Vorschrift relevant sind, handelt es sich dabei niemals um einen geradlinigen Prozess, sondern um eine Abfolge von stets vorläufigen Überlegungen.

127 Vgl. *Hirsch*, in: Modernas tendencias, 2001, S. 387.

sich der strafrechtliche Eingriff darauf beschränkt, ausschließlich die schwersten Angriffe gegen diese Gruppe zu bestrafen, und zwar durch eine weitere Charakterisierung des Täters, des Tatopfers oder der verschiedenen Begehungsmittel – wie oben in Bezug auf Art. 311 des spanStGB ausgeführt. Sind diese Subjekte umfassend in einer außerstrafrechtlichen Norm definiert, erscheint eine Verweisung auf sie in der gesetzlichen Gestaltung des konkreten Straftatbestands als richtig. Allerdings bleibt es widersprüchlich, dass als Folge einer derartigen Verweisung der Schutz nur bestimmten Rechtsgutsinhabern zugute kommt. Dies gilt insbesondere dann, wenn die davon Ausgeschlossenen am meisten schutzbedürftig sind. Sollen aber Leben, Gesundheit und körperliche Unversehrtheit derer geschützt werden, die in einem Abhängigkeitsverhältnis eine produktive Tätigkeit ausüben, hat es keinen Sinn, die Strafbarkeit auf die Handlungen der Adressaten von außerstrafrechtlichen Sicherheits- und Hygienevorschriften zu begrenzen, durch die nur ein kleiner Teil der schutzbedürftigen Arbeitsrealität geregelt wird. Die Strafbarkeitslücken, die durch die Tatbestandsstruktur der genannten Vorschriften hevorgerufen werden, leiten sich aus ihren außerstrafrechtlichen Verweisungen ab: den normativen Erfordernissen „gesetzliche Verpflichtung“[128] und insbesondere der Klausel „unter Verstoß gegen die Vorschriften zur Verhütung von Gefahren am Arbeitsplatz“.[129] Denn Art. 316 und 317 bestimmen nicht nur, dass „der Unternehmer, der den Arbeitnehmern eine offensichtlich gefährliche Handlung auferlegt, die ihr Leben oder körperliche Unversehrtheit gefährdet, straflos bleibt, wenn die betreffende Handlung nicht in den arbeitsrechtlichen Bestimmungen als Verstoß gegen die Vorschriften über Sicherheit und Hygiene eingestuft ist“.[130] Darüber hinaus wird durch diese Artikel die Bestrafung derer verhindert, die, obwohl sie Verhaltensweisen zeigen, die durch solche außerstrafrechtlichen Vorschriften verhindert werden sollen, keine Adressaten derselben sind, da es sich um gewerbliche Tätigkeiten handelt, die nicht innerhalb ihres Anwendungsbereichs liegen.[131]

Aus diesem Grund scheint etwa STS 30.5.2003 fragwürdig, wonach unter Art. 312.2 des spanStGB auch das Verhalten von Nachtklubbetreibern bezüglich der dort arbeiten-

---

128 Es geht um die Verpflichtungen der Unternehmer oder Verantwortlichen im Sinne des Arbeitsrechts, obgleich diese Begriffe anderweitigen materiellen Auslegungen zugänglich sind; eingehend siehe *Aguado López*, El delito contra la seguridad en el trabajo, 2002, S. 256 ff. Zu dieser Problematik, allgemein siehe *Kölbel*, GA 2002, 407 ff.

129 Kritisch *Escajedo San Epifanio*, AP 2000, Rn. 811 ff.; *dies*., RDPC 2000/5, 19 f.

130 *García Arán*, Estudios penales y criminológicos 1993, 102.

131 *García Arán*, Estudios penales y criminológicos 1993, 74. Ausdrücklich siehe ebenso *Nieto Martín*, in: Wirtschaftsstrafrecht in der Europäischen Union, 2002, S. 229. Allgemein *Kölbel*, GA 2002, 409 ff., insbesondere 411 f.

den Prostituierten subsumiert werden kann. Durch diesen Art. 312.2 werden diejenigen bestraft, „die Personen anwerben oder sie dazu bewegen, ihre Arbeitsstelle aufzugeben, indem sie ihnen eine Beschäftigung oder betrügerische oder falsche Arbeitsbedingungen anbieten, und diejenigen, die ausländische Staatsbürger ohne Arbeitserlaubnis unter Bedingungen anstellen, welche die ihnen aufgrund von gesetzlichen Vorschriften, Tarifverträgen oder Einzelverträgen zustehenden Rechte beeinträchtigen, aufheben oder beschränken". In Bezug darauf wird in STS 30.5.2003 die Auffassung vertreten, dass die Art der Kontrolle der Frauen, die Entgegennahme der von den Kunden gezahlten Beträge und die Auferlegung von „Bedingungen hinsichtlich Arbeitszeit, Arbeitsdauer, des Ortes und des Lohnes einschließlich von Abzügen wegen geringer Produktivität, einen schweren Angriff auf ihre Rechte als [...] Arbeitnehmerinnen darstellen".[132] Indem die Prostitution unter Art. 312.2 subsumiert wird, verkennt das Gericht, dass der Täter dieser Norm den Opfern „die ihnen durch *gesetzliche Vorschriften, Tarifverträge* oder *Einzelverträge* zustehenden Rechte" beeinträchtigen, aufheben oder beschränken muss. In der Entscheidung wird nicht dargelegt, um welche dieser von der Norm erfassten Rechte es sich handelte. Solche Rechte existierten in Bezug auf die Prostitution zu dem hier maßgeblichen Zeitpunkt nicht.

Die Verweisung auf außerstrafrechtliche Normen schließt Prostituierte aus dem Schutzbereich dieser Vorschriften aus. So stellt nach dem von den Medien verbreiteten Urteil des 1. Sozialgerichts von Granollers die Prostitution keine Arbeitstätigkeit dar, weil – wie die zitierte Tageszeitung wiedergab – „niemand die sexuelle Tätigkeit einer Frau organisieren oder lenken kann, da dies ein Angriff auf Grundrechte und die Menschenwürde ist [...] Das Sexgeschäft (im eigentlichen Sinn des Wortes) kann nicht statthafter Gegenstand eines Arbeitsvertrags sein, da die Entscheidungsfähigkeit und die sexuelle Freiheit über der unternehmerischen Leitung und Organisation stehen".[133] Im Arbeitsrecht mögen solche Gründe überzeugen. Im Strafrecht geht es – wenn auch nicht nur – um Rechtsgüterschutz. Der beschränkte Anwendungsbereich, auf den die Motive („exposición de motivos") des Gesetzes 31/1995 über Verhütung von Gefahren am Arbeitsplatz hindeuten, kann also zu erheblichen Auslegungsproblemen bei Art. 311 ff. des spanStGB führen.

Für solche Wertungswidersprüche gibt es verschiedene Erklärungsansätze. Vielleicht berücksichtigte der Gesetzgeber damals nicht, dass die Verweisung auf außerstrafrechtliche Normen im objektiven Tatbestand regelmäßig den Geltungsbereich der Norm einschränkt und infolgedessen auch den Schutzbereich des Rechtsguts.[134] Möglicherweise beruhte es auf mangelnder Klarheit

132 Ebenso siehe STS 12.4.1991.

133 El País 28.4.2003. Dennoch bejahte STS 12.4.1991 den Tatbestand des früheren Art. 499.1 StGB, der dem gegenwärtigen 311.1 entspricht, obwohl die Opfer Prostituierte waren, ohne die Inhaberschaft in Bezug auf die von dieser Vorschrift geschützten Rechte zu problematisieren.

134 Vgl. *García Arán*, Estudios penales y criminológicos 1993, 102.

über das von diesen Vorschriften geschützte Rechtsgut. In den Materialien spiegelt es sich nicht wider. Wenn es aber von Anfang an keine Klarheit in Bezug auf das Rechtsgut gibt, werden die Zweckmäßigkeit eines Straftatbestands und jedes der bei seiner Gestaltung verwendeten Merkmale größtenteils zu einer Frage von Zufall.[135]

De lege lata sind die Lösungen einer solchen Problematik wohl hinreichend bekannt: Es wird versucht, durch Auslegung die technischen Mängel der Vorschrift zu überwinden. Man kann sich zum Beleg dafür auf die angegebene Literatur berufen. *De lege ferenda* wird sich zum Erreichen eines höheren Maßes an Rationalität bei der gesetzlichen Gestaltung der Straftatbestände die Einführung des geschützten Rechtsguts als explizites Element und zusätzliches Tatbestandserfordernis für sämtliche im Besonderen Teil des StGB enthaltenen Straftatbestände empfehlen.[136] Dies kann beispielsweise geschehen, indem das geschützte Rechtsgut in einer Überschrift konkret benannt und damit Bestandteil des Tatbestands wird.[137] Dies kann den Gesetzgeber zu einer gründlicheren Reflexion über das jeweils zu schützende Rechtsgut veranlassen. Gleichzeitig wird diese neue, tatbestandliche Komponente zu einem Bezugspunkt für die Auslegung des Tatbestands, und sie trägt dazu bei, mögliche Überlappungen mit anderen Vorschriften zu vermeiden. Es wird auch eine bessere systemati-

---

135 Dazu grundlegend *Soto Navarro*, La protección penal de los bienes colectivos, 2003, S. 2, 81 f., 170 ff., 192 ff., 221 ff. Allgemein, unter Hinweis auf die Bedeutung, über die verfolgten Ziele im Gesetzgebungsprozess Klarheit zu schaffen, siehe *Noll*, Gesetzgebungslehre, 1973, S. 82 ff. Ebenso siehe *Madrid Conesa*, La legalidad del delito, 1983, S. 121, 122, 156.

136 An diesem Punkt wird die Krise, die dieser Begriff – als systemimmanenter Begriff – aufgrund seines zunehmenden Abstraktionsprozesses erleidet, nicht ignoriert. Eingehend *Soto Navarro*, La protección penal de los bienes colectivos, 2003, S. 170 ff., 192 ff., 221 ff. Ebenso siehe *Paredes Castañón*, RDPC 2003/11, 131 f. Seine Bedeutung soll aber auch nicht übersehen werden. Dazu überzeugend *Hirsch*, in: Modernas tendencias, 2001, S. 380 ff. Ebenso siehe *Díez Ripollés*, Jueces para la Democracia 1997/30, 17 f.; *Gimbernat Ordeig*, Concepto y metodo, 1999, S. 87 ff.; *Octavio de Toledo y Ubieto*, ADPCP 1990, 19 ff.; *Schünemann*, Homenaje a Cerezo Mir, 2002, S. 161 ff.; *Stächelin*, Strafgesetzgebung im Verfassungsstaat, 1998, S. 32 f. Daher würde eine Neubewertung dieses Begriffs mittels seiner ausdrücklichen gesetzlichen Einführung eine größere Rationalisierung und Abgrenzung des strafrechtlichen Eingriffs gestatten, die insbesondere in den Bereichen notwenig erscheint, in denen die Bedeutung des Rechtsgutsbegriffs in Frage gestellt wird; kritisch siehe *Díez Ripollés*, Jueces para la Democracia 1997/30, 18 f. Zur Definition des Rechtsguts durch die Ausrichtung an Verhaltensleitlinien siehe zuletzt *Paredes Castañón*, RDPC 2003/11, 132 ff.

137 In Bezug auf § 929 BGB, ähnlich *Bender*, in: Rationalisierung der Gesetzgebung, 1984, S. 48 ff. Unter Hinweis auf die Nützlichkeit solcher Komponenten für die Auslegung *Lücke*, Zeitschrift für Gesetzgebung, 2001/16, 16 f. Aus der Perspektive des Bestimmtheitsgebots *Stächelin*, Strafgesetzgebung im Verfassungsstaat, 1998, S. 123, 225.

sche Platzierung der Vorschrift innerhalb des StGB bewirkt.[138] So könnte beispielsweise der aktuelle Art. 316 des spanStGB folgendermaßen gefasst werden: „Artikel 316. Straftat gegen Leben, Gesundheit und körperliche Unversehrtheit (der Arbeitnehmer).[139]

1. Wer trotz seiner dazu bestehenden Verpflichtung[140] nicht die erforderlichen Mittel bereitstellt, damit die Arbeitnehmer ihre Tätigkeit unter angemessenen Sicherheits- und Hygienevorkehrungen ausüben können, und so deren Leben, Gesundheit und körperliche Unversehrtheit schwer gefährdet, wird mit Gefängnis von sechs Monaten bis zu drei Jahren und Geldstrafe von sechs bis zu zwölf Monaten bestraft".

Sollen jedoch aus Präventions- und Rechtssicherheitsgründen ausdrücklich die konkreten Begehungsmittel, die eine schwere Gefährdung im Sinne dieser Vorschrift bedeuten[141], festgesetzt werden, könnte zum Beispiel folgendes hinzugefügt werden:

„[...] von sechs bis zu zwölf Monaten in den folgenden Fällen:

a) Zuweisung von gewerblichen Tätigkeiten an Personen, welche die dafür erforderlichen Voraussetzungen aufgrund ihrer persönlichen Eigenschaften dauerhaft oder vorübergehend [wie beispielsweise Minderjährigkeit, Schwangerschafts- und Stillzeiten] nicht erfüllen können.

b) Nichterfüllung der Ausbildungs- und Auskunftspflichten.

c) Mangelnde Sauberkeit und unzureichende Voraussetzungen des Arbeitsplatzes, usw."[142]

Dieses Regelungsmodell ist leicht auf die übrigen unter Titel XV des Besonderen Teils des spanStGB erfassten Straftatbestände – unter der Überschrift „Straftaten gegen die Rechte der Arbeitnehmer" – übertragbar. So könnte bei-

---

138 Allgemein siehe bereits *Castiñeira Palou*, in: La forma de las leyes, 1986, S. 115 ff., die darauf aufmerksam macht, dass dadurch die Anwendung, die Gliederung und die Systematisierung von Gesetzen erleichtert wird.

139 Unter Hinweis auf die Zweckmäßigkeit einer Definition von Rechtsgütern mit empirischem Bezug siehe *Paredes Castañón*, RDPC 2003/11, 132 Fn. 101.

140 Als Ersatz für das Merkmal „trotz gesetzlicher Verpflichtung"; damit soll die Bestimmung des Täters nach materiellen Kriterien erleichtert werden. Zur Auslegung dieses Merkmals siehe ausführlich *Aguado López*, El delito contra la seguridad en el trabajo, 2002, S. 251 ff.

141 So etwa *Escajedo San Epifanio*, AP 2000, Rn. 839 ff.

142 Auf diese Weise reduzieren sich die Auslegungsprobleme, die die gegenwärtige Verweisung der Vorschrift auf das Arbeitsrecht verursacht, vgl. *Escajedo San Epifanio*, AP 2000, Rn. 839 ff. Obgleich die Ausdehnung der Vorschrift noch weiter zu überdenken ist und versucht werden muss, die daraus entstehenden Absätze zu vereinheitlichen und zu vereinfachen. In Bezug auf letztere Frage siehe ebenso *Castiñeira Palou*, in: La forma de las leyes, 1986, S. 116 ff.

spielsweise Art. 311 folgenden Titel tragen: „Straftat gegen die Rechte und Arbeitsbedingungen (normativ festgesetzten, falls die Einführung dieser Beschränkung bereits in der Definition des Rechtsguts für zweckmäßig erachtet wird)". Art. 314 könnte hingegen folgenden Titel tragen: „Straftat gegen das Recht auf Gleichheit (am Arbeitsplatz, obwohl diese letzte Wiederholung unnötig scheint)", und Art. 315: „Straftat gegen die Koalitionsfreiheit und das Streikrecht", um drei Beispiele anzuführen.

Eine solche Überschrift ermöglichte es auch, die einzelnen Tatbestandsmerkmale zielgenauer zu fassen. Durch die Benennung des Rechtsguts in der Titelformel oder an anderer, als zweckmäßig erachteten Stelle ließen sich ferner Wertungswidersprüche vermeiden, wie sie jetzt in Art. 316 f. des spanStGB enthalten sind. Die Einführung des Rechtsguts als Tatbestandsmerkmal erlaubte es schließlich, den Bereich des strafbaren Verhaltens besser abzugrenzen. Denn damit würden bereits auf der Gesetzesebene Vorkehrungen getroffen, um die Strafbarkeit eines Verhaltens auszuschließen, welches das Rechtsgut nicht gefährdet und für dessen Bestrafung also eine materielle Berechtigung fehlt.[143]

Unter dem Aspekt der Gesetzessystematik betrachtet, erleichtert das Rechtsgut als Tatbestandsmerkmal eine folgerichtige und stimmige Einordnung in das StGB und seine schon vorhandenen Straftatbestände. Es lassen sich dabei mögliche systematische und axiologische Widersprüche, wie sie bei der Begründung neuer Tatbestände sonst immer entstehen können, rechtzeitig erkennen und vermeiden. Indem jede strafrechtliche Vorschrift einen Titel trägt, der das Rechtsgut konkretisiert, werden etwaige Überschneidungen sichtbar, die sich im Hinblick auf dieses Schutzobjekt zwischen der neuen Bestimmung und anderen, bereits getroffenen ergeben können.[144] Das ermöglicht es, schon im Gesetzgebungsverfahren darauf mit entsprechenden Änderungen zu reagieren.

---

143 Vgl. *Díez Ripollés*, AP 2001, Rn. 7 f. Unter Hinweis darauf, dass die Unbestimmtheit des Rechtsguts dazu führen kann, die Strafbarkeit auf Verhaltensweisen auszudehnen, die es nicht gefährden, *Günther*, JuS 1978, 9 f. Allgemein siehe ebenso *Hill*, Jura 1986, 60 ff.

144 Solche systematischen Brüche sind zwar hinzunehmen, wie *Amelung*, ZStW 92 (1980), 38, zu Recht anführt, weil die Dogmatik als Wissenschaft von der Anwendung des Rechts sich nach den Bewertungen des Gesetzgebers zu richten hat und nicht umgekehrt. Trotzdem sollte der Gesetzgeber solche Richtungswechsel aber begründen, insbesondere in den Fällen, in denen die interne Systematik, verstanden als die logische und teleologische Systematik des Gesetzes, aufgegeben wird. Ebenso siehe *Vogel*, FS für Roxin, 2001, S. 113; zur Bedeutung der Systematik siehe ausführlich *Noll*, Gesetzgebungslehre, 1973, S. 204 ff.; aus einer Verfassungsperspektive siehe *Lücke*, Zeitschrift für Gesetzgebung, 2001/16, 18 ff.

So sieht beispielsweise der gegenwärtige Art. 313.1 des spanStGB Gefängnis von zwei bis zu fünf Jahren und Geldstrafe von sechs bis zu zwölf Monaten für denjenigen vor, der durch sein Verhalten die heimliche Immigration von Arbeitnehmern nach Spanien betreibt oder fördert. Vor Einführung des neuen Art. 318bis des spanStGB durch das Gesetz 4/2000 erfüllte Art. 313.1 eine konkrete – und notwendige – kriminalpolitische Funktion: Er erlaubte die Bestrafung des illegalen Menschenhandels zu einem Zeitpunkt, zu dem für diese Tätigkeit kein spezieller Straftatbestand existierte. Hingegen hat mit der Einführung des genannten Artikels – 318bis – der eigens auf diese Problematik reagiert, Art. 313.1 seine gesamte Daseinsberechtigung verloren. Bis zur Reform durch das jüngste Gesetz 11/2003, mit dem die in den verschiedenen Absätzen von Art. 318bis verhängten Strafen wesentlich angehoben wurden, erlaubte Art. 313.1 die Verschärfung der Bestrafung des illegalen Menschenhandels, wenn das Tatopfer Arbeitnehmer war, obwohl unter den möglichen Opfern von illegalem Menschenhandel diese Gruppe nicht des stärkeren strafrechtlichen Schutzes bedurfte. Es gibt verletzlichere Gruppen: Frauen während der Schwangerschaft und Stillzeit, Minderjährige usw. Nach der erwähnten Reform eröffnet Art. 313.1 die Möglichkeit, illegalen Menschenhandel milder zu bestrafen, wenn die Opfer Arbeitnehmer sind. Ein Grund für diese Milderung ist jedoch nicht erkennbar. Zudem ist in Art. 318.6^{bis} eine Strafmilderung bereits vorgesehen, wenn es die Schwere der Tat und ihre Umstände zulassen. Mit der Einführung des geschützten Rechtsguts wird das Erkennen solcher Überschneidungen sowie der durch die Strafbarkeit des illegalen Menschenhandels resultierenden axiologischen Inkohärenzen erleichtert. Und vielleicht hätten solche Probleme bereits auch im Gesetz 4/2000 beseitigt werden können.

Gewiss würde die Einführung des geschützten Rechtsguts als Merkmal jeglichen Straftatbestands dem Gesetzgeber größere Sorgfalt bei ihrer Formulierung abverlangen. Die Konkretisierung dieses Tatbestandselements zwingt den Gesetzgeber zu größerer Klarheit hinsichtlich der von ihm mit jeder seiner Entscheidungen verfolgten kriminalpolitischen Zielsetzung und setzt eine tiefgehende Durchdringung der ihr zugrunde liegenden Problematik voraus. Außerdem wird die Evaluierung der konkreten gesetzgeberischen Entscheidung durch die Identifizierung des strafrechtlich geschützten Interesses bedeutend erleichtert.[145] Trotzdem birgt die Einführung des Rechtsguts als Tatbestandsmerkmal auch Risiken, da sie – unabhängig von der Frage, wie gut sie jeweils gelingt – in jedem Fall aber die Gesetzesauslegung seitens der verschiedenen Rechtsanwender erheblich beeinflusst. Auch wenn solche Risiken durch semantische Spielräume wesentlich verringert werden,[146] erforderte der hier entwickelte Lösungsansatz eine stärkere Beteiligung der Strafrechtswissenschaft am Gesetzgebungsverfahren, weil sie ja zur Klärung dieser und weiterer Fragen aufgerufen ist.

145 In diesem Sinne siehe *Díez Ripollés*, Homenaje a Cerezo Mir, 2002, S. 323 ff.; *Paredes Castañón*, RDPC 2003/11, 164. Allgemein siehe ebenso *Deckert*, Zeitschrift für Gesetzgebung, 1995/10, 241 ff.

146 Vgl. *Alexy*, Teoría de la argumentación jurídica, 1989, S. 226 f.

C. Rechtswidrigkeit

I. Zur objektiven Seite der Rechtfertigungsgründe

Gegenüber der Tatbestandsmäßigkeit, die insbesondere die grundlegende Funktion einer Abgrenzung und Beschreibung des „strafbaren (strafwürdigen und strafbedürftigen) Unrechts als gesteigertem Unrecht“[1] erfüllt, erweist sich die Rechtswidrigkeit als eine wesentlich uneinheitlichere Kategorie. Es wird bezüglich ihrer kriminalpolitischen Funktion von „sozialer Konfliktlösung“ gesprochen.[2] In diesem Sinn meint etwa *Baldó*, dass diese Kategorie „die Funktion der objektiven Lösung von sozialen Konflikten in komplexen Zusammenhängen [besitzt]. Sie können beispielsweise aus Notstandslagen herrühren, in denen die Wahrung des bedrohten Interesses die Gefährdung fremder strafrechtlich geschützter Belange erfordert. Das wiederum verlangt vom Normensystem eine axiologische Koordination im Hinblick auf seine tragenden Grundsätze“.[3] In einem so komplexen kriminalpolitischen Rahmen soll sich die Aufgabe der Systematik *de lege lata* darauf reduzieren, „aus der Masse der Rechtfertigungsgründe den Katalog der sehr viel weniger zahlreichen

---

1 *Amelung*, in: Grundfragen des modernen Strafrechtssystems, 1984, S. 87. Ähnlich, zu Gründen der Verhältnismäßigkeit *Günther*, Strafrechtswidrigkeit und Strafunrechtsausschluss, 1983, S. 212 f.

2 *Roxin*, Kriminalpolitik und Strafrechtssystem, 1973, S. 15, 24 ff., für den diese Kategorie „der Bereich sozialer Konfliktlösungen [ist], das Feld, auf dem widerstreitende Individualinteressen oder gesamtgesellschaftliche Belange mit den Bedürfnissen der Einzelnen zusammenstoßen. Ob hier polizeiliche Eingriffsnotwendigkeiten mit dem allgemeinen Persönlichkeitsrecht und der Handlungsfreiheit des Staatsbürgers zum Ausgleich zu bringen sind oder ob aktuelle und unvorhersehbare Notsituationen eine Entscheidung verlangen: es geht immer um die sozial richtige Regulierung von Interesse und Gegeninteresse“. Ähnlich siehe etwa *Günther*, Strafrechtswidrigkeit und Strafunrechtsausschluss, 1983, S. 173 f.; *Rudolphi*, GS für Armin Kaufmann, 1989, S. 372. Als graduelle Kategorie siehe ebenso *Alonso Álamo*, El sistema de las circunstancias del delito, 1981, S. 428 ff. Kritisch hingegen *Amelung*, in: Grundfragen des modernen Strafrechtssystems, 1984, S. 92, mit dem Hinweis, dass „‘Konflikte’ in jedem Bereich des Rechts und der Rechtspolitik gelöst [werden]. Außerdem [...] [werden] auch bei der Aufstellung von Straftatbeständen Interessenkonflikte gelöst“; für *Amelung*, S. 94, wird auf dieser Ebene „vielmehr darüber [entschieden], dass ein Verbot, das irgendwo in der Rechtsordnung aufgestellt ist, anderen rechtspolitischen Zielsetzungen weichen soll“. Ebenso *Cerezo Mir*, PG II, S. 24; *Muñoz Conde*, Introducción, S. 11 f.

3 *Baldó Lavilla*, Estado de necesidad, 1994, S. 37. Ebenso *Gómez Benítez*, PG, S. 279. Anders *Díez Ripollés*, in: Causas de justificación, 1995, S. 145 ff., der den Möglichkeiten dieser Kategorie zur Kontextualisierung des tatbestandsmäßigen Verhaltens im allgemeinen Rechtsrahmen besondere Bedeutung beimisst.

sozialgestaltenden Prinzipien möglichst komplett herauszuarbeiten und deren Verhältnis zueinander – das Prinzipiengeflecht gewissermaßen – deutlich zu machen".[4]

Bereits hier ist anzumerken, dass die kriminalpolitische Funktion der Rechtswidrigkeit keinen gemeinsamen Nenner bietet, der als dogmatische Grundlage für die Erstellung eines solchen Katalogs dienen könnte. Deshalb wird die Auffassung vertreten, dass ein Katalog von Rechtfertigungsgründen „keinen normativen Leitwert [wie etwa der *nullum crimen*-Satz], sondern nur eine deskriptive Diagnose liefert".[5] Jedem der Rechtfertigungsgründe liegen nicht notwendigerweise miteinander übereinstimmende normative Prinzipien zugrunde, mittels derer die verschiedenen Probleme zu analysieren sind, die jeweils durch die konkreten Konfliktsituationen hervorgerufen werden. In diesem Sinn wird sogar generell die Möglichkeit einer Systematisierung in Frage gestellt.[6]

Trotzdem wird in jüngerer Zeit – über die Gedanken individueller Autonomie und intersubjektiver Solidarität – ein dreigeteiltes System (aggressiver Notstand, defensiver Notstand und Notwehr) je nach Zuständigkeitsgrad der Handelnden hinsichtlich der Konfliktsituation vorgeschlagen, das eine Systematisierung der Schutzpflichten und -rechte ermöglicht.[7] Auch das Zurückführen

---

4 *Roxin*, Kriminalpolitik und Strafrechtssystem, 1973, S. 27.

5 So *Schünemann*, in: Grundfragen des modernen Strafrechtssystems, 1984, S. 65.

6 So *Cerezo Mir*, PG II, S. 196.; *ders*., in: Rechtfertigung und Entschuldigung, 1991, S. 10 f. Ebenso siehe *Muñoz Conde / García Arán*, PG, S. 311 f.; *Romeo Casabona*, El médico y el Derecho penal, 1981, S. 306; *Roxin*, Política criminal y estructura del delito, 1992, S. 77, „die Standpunkte, die zum Ausschließen des materiellen Unrechts einer Tat trotz Erfüllen eines Tatbestands führen können, sind so vielfältig und die Anzahl der Teile der Rechtsordnung, aus denen sie Rechtfertigungsgründe machen, ist so groß und so wechselnden Notwendigkeiten unterworfen [...], dass gleichzeitig einheitliche Grundsätze voller Inhalt nur eine beschränkte Gültigkeit haben können. Während die Deliktstatbestände einen gewissen statischen Charakter aufweisen, hält mit den Rechtfertigungsgründen die Dynamik der sozialen Veränderungen in die Theorie des Delikts Einzug". Dennoch siehe zu der „Güter- oder Interessenabwägung" *Rudolphi*, GS für Armin Kaufmann, 1989, S. 392 ff. Ebenso *Baldó Lavilla*, Estado de necesidad, 1994, S. 39 f.; *Molina Fernández*, RDPC 2000/1, 208 ff., 221 ff., der auf der Grundlage eines weiter gefassten Verständnisses der Interessensabwägung eine erklärende Struktur in Form einer Pyramide vorschlägt, mit dem Notstand an der Spitze und auf den darunter folgenden Stufen den übrigen Rechtfertigungsgründen als Sonderregeln zur Konfliktlösung.

7 *Baldó Lavilla*, Estado de necesidad, 1994. Zu Gründen der ultima ratio und Verhältnismäßigkeit in dieser Kategorie bereits *Günther*, Strafrechtswidrigkeit und Strafunrechtsausschluss, 1983, S. 1 ff., 55 ff., 100 ff., 133 ff., 232 ff., 281 ff. Zu ihrer Bedeutung für den Unrechtsauschluss siehe ebenso *Luzón Peña*, Aspectos esenciales de la legítima defensa, 2002.

des Notstands auf quasi-institutionelle Pflichten erlaubt beispielsweise seine Verkettung mit den möglichen Zurechnungsgründen – d.h. Zuständigkeitsgründen – auf der Ebene des Tatbestands.[8] Diese und andere Ansätze ermöglichen auch eine Dogmatik *de lege ferenda* im Rahmen der Rechtswidrigkeit d.h., die Entwicklung von Modellen, Komponenten und Richtlinien zur Maximierung der kriminalpolitischen Zweckmäßigkeit dieser Kategorie bereits auf Gesetzesebene.

Vor diesem Hintergrund müssen bereits bei der Normsetzung die Besonderheiten der Rechtfertigungsgründe berücksichtigt werden. Denn diese erschöpfen sich nicht lediglich in der Beschreibung von Verhaltensweisen und möglichen *Konfliktsituationen* durch Merkmale wie ein rechtswidriger Angriff oder eine gegenwärtige, nicht anders abwendbare Gefahrensituation für geschützte Rechtsgüter und die daraus sich ergebende konkrete Rechtsfolge – etwa: „handelt nicht rechtswidrig" oder „ist von der strafrechtlichen Verantwortlichkeit ausgenommen". Vielmehr geht es in der Primärnorm auch darum, die für eine Rechtfertigung maßgeblichen materiellen *Ordnungsprinzipien* im Gesetz selbst anzulegen und dort von Grund auf zu präzisieren:[9] „Recht darf nicht vor Unrecht weichen", „überwiegendes Interesse" oder „die Bedeutung der Menschenwürde", um drei Beispiele zu nennen. Und auf beide Aspekte, die konkrete Konfliktsituation und die entsprechenden Ordnungsprinzipien, wirkt sich der Gesetzlichkeitsgrundsatz aus.

So erweist sich beispielsweise die Definition des in Art. 20.7 des spanStGB vorgesehenen Rechtfertigungsgrunds bei der Beschreibung der Konfliktsituation als zu knapp. Der Gesetzgeber beschränkt sich nämlich auf die folgende Aussage: „Wer in Erfüllung seiner Pflicht oder in rechtmäßiger Ausübung seiner beruflichen Tätigkeit oder seines Amtes handelt", ist strafrechtlich nicht verantwortlich. Auf diese Weise muss die *Konfliktsituation* zu einem Gutteil – wenn nicht in ganzem Umfang – durch den Rechtsanwender konkretisiert werden. Vielleicht stößt eine erschöpfende Definition des problematischen Bereichs an die Grenzen gesetzgeberischer Wirtschaftlichkeit: „Mitglieder der staatlichen Streit- und Sicherheitskräfte, [...] Journalisten, Ärzte [...] Eltern [...], die in Erfüllung ihrer Pflicht oder in rechtmäßiger Ausübung ihrer beruflichen Tätigkeit oder ihres Amtes gemäß der in den Artikeln [...] dieses Gesetz-

---

8 So *Pawlik*, Der rechtfertigende Notstand, 2002, der gegenüber den utilitaristischen Auswüchsen der herrschenden Auffassung die Interessenabwägung als letztes Element des Notstands zur quasi-institutionellen Pflicht erhebt, nämlich nach Bestimmung der Grundlagen und der Voraussetzungen der gerechtfertigten Handlung; insbesondere siehe S. 268 ff.

9 Vgl. *Roxin*, Kriminalpolitik und Strafrechtssystem, 1973, S. 24 ff.

buchs [...] erfassten Verhaltensweisen handeln [...], sind strafrechtlich nicht verantwortlich."[10] Deshalb könnte eine genaue Beschreibung der konkreten Konfliktsituation – auch wenn sie theoretisch möglich ist – nicht zweckmäßig sein. Darüber hinaus ergibt sich eine besondere Schwierigkeit aus der spezifischen Funktion der Rechtfertigungsgründe.[11] Bei ihnen geht es nicht um die Beschreibung strafrechtlicher Pflichtverletzungen und – gegebenenfalls auch – ihrer Auswirkungen auf bestimmte Rechtsgüter. Die Frage ist hier komplexer: Es sind Konfliktsituationen zu umreißen. Ihre normative Platzierung im Allgemeinen Teil des StGB indiziert gleichfalls ihren höheren Abstraktionsgrad.

Trotzdem verlangt eine zweckmäßige Abgrenzung der rechtfertigenden *Konfliktsituation* die Einführung von faktischen und normativen Merkmalen – „gegenwärtiger rechtswidriger Angriff", „drohende, nicht anders abwendbare Gefahr" oder „Erforderlichkeit der Verteidigung" –, durch die sowohl solche Konfliktsituationen identifiziert als auch eine Rechtfertigung begründet werden kann. Auch für den geltenden Art. 20.7 des spanStGB kann es sich angesichts der Schwere der Auswirkungen solcher Handlungen auf die Rechtsgüter der Betroffenen empfehlen, *de lege ferenda* Grundsätze wie beispielsweise Geeignetheit, Erforderlichkeit oder Verhältnismäßigkeit gesetzlich festzuschreiben. Dies könnte geschehen, indem die für die staatlichen Streit- und Sicherheitskräfte *de lege lata* schon gültigen Grundsätze[12] auf andere in Art. 20.7 des spanStGB angesprochene Konfliktsituationen wie etwa die Gehorsamspflicht oder das Züchtigungsrecht übertragen werden. In den übrigen, für eine solche Übertragung nicht tauglichen Fällen muss in stärkerem Maße zwischen diesen Rechtfertigungsgründen differenziert werden.

Auch hinsichtlich der Ordnungsprinzipien kann Art. 20.7 kein positives Urteil verdienen. In diesem Rechtfertigungsgrund drückt sich nach der herrschenden Meinung das Prinzip des überwiegenden Interesses aus, wenn auch mit bedeutenden Einschränkungen im Hinblick auf die Bedeutung der Menschen-

---

10 Allgemein siehe *Cerezo Mir*, PG II, S. 290 ff. Ebenso *Romeo Casabona*, El médico y el Derecho penal, 1981, S. 79 f. Bezüglich der kasuistischen Modelle siehe allgemein kritisch *Pérez Alonso*, Teoría general de las circunstancias, 1995, S. 355 ff.

11 In diesem Sinne meint *Günther*, Strafrechtswidrigkeit und Strafunrechtsausschluss, 1983, S. 232 f., dass ohne einen gewissen Abstraktionsgrad „es unmöglich [wäre], der Vielfalt der im vorhinein nicht überschaubaren atypischen Konstellationen gerecht zu werden, die sich im Einzelfall dem auf den Regelfall abzielenden straftatbestandlichen Strafunrechtsindiz entgegenstellen können".

12 Vgl. STS 5.3.2004; STS 25.4.2003; STS 15.1.2003. Eingehend siehe *Sánchez García*, Ejercicio legítimo del cargo, 1995, S. 125 ff., 287 ff.

würde.[13] Die Gestaltung dieses Ordnungsprinzips erweist sich nicht nur als mangelhaft, sondern als überhaupt nicht vorhanden. Der Gesetzgeber bezieht sich nämlich nur sehr allgemein auf die möglichen Eingriffsrechte, auf die sich der Handelnde stützt: „Erfüllung einer Pflicht oder in rechtmäßiger Ausübung eines Rechts, einer beruflichen Tätigkeit oder eines Amtes". Dennoch soll der Grundsatz des überwiegenden Interesses in ganzem Umfang durch den Rechtsanwender konkretisiert werden.[14] Diesbezüglich steigen die Anforderungen des Gesetzlichkeitsgrundsatzes auf der Rechtfertigungsebene beträchtlich,[15] denn hier geht es nicht darum, wie im Rahmen des Tatbestandes möglichst genau die formalen und materiellen Umrisse der Verhaltensweisen, die durch Strafandrohung vermieden werden sollen, zu beschreiben. Der Bezugspunkt verschiebt sich von den Umrissen – des Strafbaren – zum Kern des materiellen Unrechts.[16] Die Rechtfertigungsgründe verlangen vornehmlich eine Abwägung, und zwar nach bestimmten Leitprinzipien, aufgrund derer die vorher genannten Konfliktsituationen zu bewerten sind.[17] Dieses ist der Hauptanwendungsbereich des sogenannten Bestimmtheitsgebots auf der Ebene der Rechtswidrigkeit.

Wird die Gesetzesfassung in Art. 20.7 des spanStGB einer kritischen Analyse unterzogen, so lässt sich feststellen, dass der Gesetzgeber den weit fortgeschrittenen Erkenntnisstand der Strafrechtswissenschaft nicht berücksichtigt hat. Dies gilt gleichermaßen für den Notstand. Sowohl bei der Definition der rechtfertigenden Konfliktsituation als auch der Entscheidungs- oder Ordnungsprinzipien dieses anderen Rechtfertigungsgrunds ergeben sich deutliche Unzulänglichkeiten des Gesetzes. Konkret sieht Art. 20.5 des spanStGB vor: „Artikel 20. Nicht strafrechtlich verantwortlich ist:

> [...] 5. Wer im Notstand, um eigenes oder fremdes Übel zu vermeiden, das Rechtsgut einer anderen Person verletzt oder gegen eine Pflicht verstößt, sofern die folgenden Voraussetzungen vorliegen:

---

13 Eingehend *Sánchez García*, Ejercicio legítimo del cargo, 1995, S. 83 ff. In Bezug auf die verbindlichen ärztlichen Behandlungen siehe ebenso *Romeo Casabona*, El médico y el Derecho penal, 1981, S. 384 ff. Zu weiteren Nachweisen *Cerezo Mir*, PG II, S. 291 f.

14 In diesem Sinn spricht *Torío López*, Prólogo, S. 19, von „einer offenen Rechtfertigungsformel, die einer begrifflichen Rekonstruktion nach teleologischen – reale Notwendigkeit der Handlung – und Bewertungsgrundsätzen – Verhältnismäßigkeit und Achtung der Menschenwürde – bedarf".

15 Unter Hinweis auf die außerstrafrechtlichen Vorschriften siehe kritisch *Sánchez García*, Ejercicio legítimo del cargo, 1995, S. 288 f.

16 Vgl. *Roxin*, Kriminalpolitik und Strafrechtssystem, 1973, S. 29 Fn. 63.

17 Vgl. *Roxin*, Kriminalpolitik und Strafrechtssystem, 1973, S. 28 ff.

> Erstens: Das verursachte Übel darf nicht größer sein als dasjenige, um dessen Vermeidung es geht.
>
> Zweitens: Der Notstand darf durch den Täter nicht absichtlich provoziert worden sein.
>
> Drittens: Der in Not Befindliche darf nicht aufgrund seines Berufs oder Amtes verpflichtet sein, sich aufzuopfern."

Bezüglich des ersten Elements, der Abgrenzung der *Konfliktsituation*, ist zuzugeben, dass das Gesetz – durch Bewertungsmaßstäbe für das Verhalten – Schlussfolgerungen darüber zulässt, wann eine unter diese Vorschrift subsumierbare Situation vorliegt: „um eigenes oder fremdes Übel zu vermeiden", „das verursachte Übel darf nicht größer sein als dasjenige, um dessen Vermeidung es geht" usw. Aber auch wenn der Gesetzgeber gegenüber der erwähnten Definition in Art. 20.7 einen Schritt weiter geht, wird hier keine Definition des Notstands geleistet. Die Gesetzesfassung erschöpft sich darin, ein Handeln „im Notstand" vorauszusetzen. Diese Konfliktsituation wird teilweise und indirekt durch die weiteren Merkmale dieses Rechtfertigungsgrunds skizziert. Möglicherweise ist mehr nicht erforderlich, um die Mindestbedingungen des Bestimmtheitsgebots in Bezug auf die Konfliktsituation zu erfüllen. Klar ist allerdings, dass das Maß an Konkretheit dieser Definition weit davon entfernt ist, kriminalpolitisch zufriedenstellend zu sein, da die Bestimmung des rechtfertigenden Sachverhalts – trotz seiner ausdrücklichen Benennung und dem, was aus den übrigen Merkmalen geschlossen werden kann – überwiegend dem jeweiligen Rechtsanwender überlassen wird; und dies trotz der Schwere der „*Duldungspflichten*", denen der Betroffene unterliegt, gegen welchen die Handlung des Notstandstäters gerichtet ist.[18]

Die Definition der Konfliktsituation, zumindest ihrer wesentlichen Merkmale, ist durch die Strafrechtswissenschaft längst entwickelt worden. So besteht ein weitreichender Konsens hinsichtlich der sie prägenden Kriterien.[19] So wird eine gegenwärtige Gefahrensituation für ein Rechtsgut als erforderlich erachtet.[20] Diese gegenwärtige Gefahr muss auch schwerwiegend

---

18 Vgl. *Pawlik*, Der rechtfertigende Notstand, 2002, S. 1 ff., 9 ff., 29 ff.

19 Vgl. *Cerezo Mir*, PG II, S. 246 ff.; *Luzón Peña*, PG, S. 623 ff.; *Mir Puig*, PG, 454 ff.; *Muñoz Conde / García Arán*, PG, 329 ff.; *Quintero Olivares / Morales Prats / Prats Canut*, PG, S. 516 ff. Ebenso siehe *Silva Sánchez*, ADPCP 1982, 669 ff.

20 Eingehend *Baldó Lavilla*, Estado de necesidad, 1994, S. 123 ff., 137 ff. Ebenso siehe *Hirsch*, LK, § 34 Rn. 36 f.; *Roxin*, AT I, S. 613 ff.; *Sch / Sch / Lenckner / Perron*, § 34 Rn. 13. Zuletzt *Pawlik*, Der rechtfertigende Notstand, 2002, S. 170: „Gerechtfertigt ist der Täter erst dann, wenn die Bewertung dieser Verhaltensalternativen ergibt, dass er sich auf sie nicht verweisen zu lassen braucht. Sein Verhalten muß normativ alternativenlos in dem Sinn sein, dass sich angesichts der gegebenen Situation keine 'bessere' Verhal-

sein.[21] Dementsprechend schlägt *Cerezo Mir* – ungeachtet von Divergenzen in weiteren Einzelfragen – folgende Definition vor: „Es muss eine Gefahrenlage für ein eigenes oder fremdes Rechtsgut vorliegen, in der ein schwerwiegendes Übel unmittelbar bevorsteht oder bevorzustehen scheint, das sich ohne eine Verletzung oder durch eine weniger schwerwiegende Verletzung der Rechtsgüter einer anderen Person oder ohne Verstoß gegen eine Pflicht nicht abwenden lässt."[22]

Um in einen Gesetzestext Eingang zu finden, ist diese Definition möglicherweise zu ausführlich. Sie ist allerdings in dieser Form dafür auch nicht gedacht. Es lassen sich jedoch durchaus vermittelnde Lösungen wie beispielsweise die folgende finden: „Artikel 20. Nicht strafrechtlich verantwortlich ist:

> 5. Notstand.
>
> Wer in einer gegenwärtigen und schwerwiegenden Gefahrensituation für ein eigenes oder fremdes Rechtsgut[23] das Rechtsgut einer anderen Person verletzt oder gegen eine Pflicht verstößt [...]".

Auf diese Weise wird ein klareres Bild der durch diesen Rechtfertigungsgrund zu regelnden Konfliktsituation gegeben und damit auch von seinem Anwendungsbereich.

Im Vergleich dazu erweist sich die Ausgestaltung der Ordnungsprinzipien als noch wesentlich komplexer. Denn sie ist bedingt durch eine noch nicht abgeschlossene wissenschaftliche Kontroverse. Es wird sogar diskutiert, ob sich der Notstand in dieser Kategorie – der Rechtswidrigkeit – erschöpft oder ob diese Rechtsfigur auch auf die Ebene der Schuld übergreift, wie die herrschende Auffassung meint. Für einen reinen Rechtfertigungsgrund stellt sich die Inter-

---

tensalternative ausmachen lässt. Es ist also zu zeigen, dass er, um sein bedrohtes Rechtsgut zu retten, jetzt so handeln muss". Ebenso *Viganò*, Stato di necessità, 2000, S. 584 ff.

21 In Bezug auf Art. 54 des Codice Penale, in dem von „großem Schaden an der Person" die Rede ist, siehe *Palazzo*, PG, S. 385. In der deutschen Lehre siehe zuletzt *Pawlik*, Der rechtfertigende Notstand, 2002, S. 150 ff., 163: „Der Verlust muss so gewichtig sein, dass er den Betroffenen zu einer nachhaltigen Umstellung seiner Lebensführung nötigt". Ebenso *Luzón Peña*, PG, S. 623, nach dessen Auffassung „der Gefährlichkeitsgrad eine hinreichende Unsicherheit bedeuten muss, um den Menschen zur Abwehr zu berechtigen".

22 *Cerezo Mir*, PG II, S. 249.

23 Wenn wegen der Besonderheit dieses Rechtfertigungsgrundes und seiner Auswirkungen auf die Rechtssphäre des Betroffenen eine Beschränkung auf bestimmte Rechtsgüter erfolgen soll, kann dies geschehen nach dem Vorbild von § 34 des deutschen StGB („Leben, Leib, Freiheit, Ehre, Eigentum oder ein anderes Rechtsgut") oder von Art. 54 des Codice penale („pericolo attuale di un danno grave alla persona"); vgl. *Hirsch*, LK, § 34 Rn. 26 f.; *Palazzo*, PG, S. 384 f. Eingehend *Viganò*, Stato di necessità, 2000, S. 588 f.

essenabwägung, wie sie für den Notstand jetzt gesetzlich geregelt ist, als zu weitreichend dar:[24] „Das verursachte Übel darf nicht größer sein als dasjenige, um dessen Vermeidung es geht". In dieser Fassung wird sowohl eine Konfliktsituation gleichwertiger als auch ungleichwertiger Interessen erfasst, d.h. sowohl eine durch den Rechtfertigungsgrund erfasste Situation als auch eine solche, die nach herrschender Meinung zur Schuldebene gehört.[25] Beruht die Rechtfertigung des Verhaltens darauf, dass das geschützte Interesse überwiegt, so erscheint eine Bestimmung, wie sie in Art. 8.7 des spanStGB von 1932 enthalten war, sachgerechter, nämlich: „Das verursachte Übel muss geringer sein als dasjenige, um dessen Vermeidung es geht". Wenn es nicht genügen soll, dass das abgewendete gegenüber dem zugefügten Übel nur in geringem Maß überwiegt, sondern ein beträchtliches oder wesentliches Überwiegen erforderlich sein soll,[26] dann könnte § 34 des deutschen StGB eine Orientierung bieten, der verlangt, dass *„das geschützte Interesse das beeinträchtigte wesentlich überwiegt"*.[27]

Dennoch kollidieren solche Lösungen mit dem von *Gimbernat Ordeig* vorgeschlagenen Verständnis, dass der Notstand nur als Rechtfertigungsgrund einzustufen ist – und daher auch Konfliktsituationen zwischen gleichwertigen Interessen rechtfertigt.[28] Mit dieser Auffassung stimmt die gegenwärtige Ausge-

---

24 Mit weiteren Nachweisen siehe etwa *Cerezo Mir*, PG II, S. 196, 268 ff. Vgl. ebenso *Hirsch*, LK, § 34 Rn. 1 ff.; *Sch / Sch / Lenckner / Perron*, § 34 Rn. 22. Kritisch dazu *Pawlik*, Der rechtfertigende Notstand, 2002, S. 32 ff., 45 ff., 131 ff., 9: „Der Umstand als solcher, dass jemand sich in einer Notlage befindet, gibt ihm keine Berechtigung dazu, zur Abwendung der Not in den Rechtskreis eines unbeteiligten anderen einzugreifen", denn „die Rechtsordnung soll nicht einen Bestand an Gütern maximieren, sie soll vielmehr Freiheitsrechte garantieren; sie ist eine Gerechtigkeits- und keine Versicherungsordnung". Ebenso *Baldó Lavilla*, Estado de necesidad, 1994, S. 20 ff., 43 ff., 69 ff.; *Kühl*, AT, S. 254 f., der dafür auf den Solidaritätsgrundsatz zurückgreift; *ders.*, FS für Hirsch, 1999, S. 275 ff.; *Suárez Montes*, in: Causas de justificación, 1995, S. 208 f., unter Berücksichtigung der Grundsätze der Interessenabwägung und Solidarität.

25 Eingehend *Cerezo Mir*, PG II, S. 253 ff. Ebenso *Bernal del Castillo*, Estudios en memoria de Valle Muñiz, 2001, S. 82 ff. Kritisch siehe auch *Mir Puig*, PG, S. 451 ff.

26 Vgl. *Pawlik*, Der rechtfertigende Notstand, 2002, S. 270, 274 f. Ebenso *Baldó Lavilla*, Estado de necesidad, 1994, S. 21 ff., 92 f., 166 ff., der eine Abstufung des Kriteriums je nach dem Zuständigkeitsgrad vorschlägt; bezüglich der Konflikte, in denen supraindividuelle Interessen betroffen sind, siehe auch S. 101 ff.; *Mir Puig*, PG, S. 452 f. Anders *Muñoz Conde / García Arán*, PG, S. 331.

27 *Hirsch*, LK, § 34 Rn. 76: „Eine nur geringe Wertdifferenz kann die Beeinträchtigung des durch die verletzte Norm rechtlich geschützten fremden Interesses nicht ausgleichen".

28 Vgl. *Gimbernat Ordeig*, Introducción a la parte general, 1979, S. 61 ff.; *ders.*, Estudios de Derecho penal, 1990, S. 224 ff.; *ders.*, in: Rechtfertigung und Entschuldigung, 1991, S. 74 ff. Ebenso *Cuerda Riezu*, La colisión de deberes, 1984, S. 242 ff., 280 ff.; *Luzón*

staltung des Interessenabwägungsprinzips in Art. 20.5 des spanStGB überein, denn sie umfasst die Kollision gleichwertiger ebenso wie ungleichwertiger Interessen.[29]

Die von der herrschenden Meinung unterbreiteten Vorschläge *de lege ferenda*, den Notstand als Rechtfertigungsgrund und als Entschuldigungsgrund getrennt zu regeln, müssen daher in diesen diskursiven Zusammenhang gestellt werden. Allerdings würde der Gesetzgeber seine Befugnisse überschreiten, wenn er die wissenschaftlichen Kategorien von entschuldigendem und rechtfertigendem Notstand in die Gesetzesterminologie einfach übernähme: Der Gesetzgeber soll sich auf die Regelung von Sachverhalten beschränken und nicht anstreben, Fragen mit einem hohen Abstraktionsgrad wie die Unterscheidung zwischen Rechtswidrigkeit und Schuld zu beantworten.[30] Über diesen Punkt besteht ein gewisser Konsens und es wird unter dem Gesichtspunkt der Gesetzgebungstechnik für zweckmäßig gehalten, die dogmatische Einordnung eines Rechtsinstituts nicht festzulegen, da sie der wissenschaftlichen Entwicklung überlassen bleiben sollte.[31]

Aber auch die Beschreibung der einzelnen gesetzlichen Voraussetzungen des Notstands erweist sich als schwierig. Dabei kommt dem wissenschaftlichen Diskurs im Interesse größtmöglicher Rationalität eine eigenständige Funktion im Gesetzgebungsverfahren zu: Wissenschaftlich soll es um das beste – nicht um das institutionelle – Argument gehen.[32] Aus diesem Grund ist auf die Gefahr hinzuweisen, dass bestimmte Gesetzesformulierungen wie etwa „der Notstand darf durch den Täter nicht absichtlich provoziert worden sein", „der in Not Befindliche darf nicht aufgrund seines Berufs oder Amtes verpflichtet sein, sich aufzuopfern", die eine orientierende Rolle bei der Einordnung des Notstands als Entschuldigungs- statt als Rechtfertigungsgrund spielen sollen,[33] schon eine Festlegung in dem einen oder anderen Sinne bedeuten.

Peña, PG, S. 576, 621; *ders.*, Aspectos esenciales de la legítima defensa, 2002, S. 589 ff. Ähnlich *Mir Puig*, PG, S. 451 ff.; *Muñoz Conde*, in: Rechtfertigung und Entschuldigung, 1991, S. 376 f.; *Muñoz Conde / García Arán*, PG, S. 329.

29 Vgl. *Gimbernat Ordeig*, Estudios de Derecho penal, 1990, S. 229 f.

30 *Gimbernat Ordeig*, in: Rechtfertigung und Entschuldigung, 1991, S. 74.

31 *Cerezo Mir*, in: Rechtfertigung und Entschuldigung, 1991, S. 18.

32 In Bezug auf die linguistischen, genetischen und systematischen Argumente siehe erklärend *Alexy*, in: Elemente einer juristischen Begründungslehre, 2003, S. 120 f.; eingehend *ders.*, Teoría de la argumentación jurídica, 1989, S. 226 ff.

33 So weist etwa *Cerezo Mir*, PG II, S. 286 ff. in Bezug auf die Verpflichtung zur Aufopferung darauf hin, dass „sie lediglich als Ausnahme von einem Entschuldigungsgrund in Betracht kommt, wenn durch die Existenz einer Pflicht zur Aufopferung dem Handelnden die Unterordnung unter das Recht zumutbar wäre".

Nicht zuletzt wird auch über die Bezeichnung der für die Abwägung maßgeblichen Größen diskutiert. Die vom deutschen Gesetzgeber verwendeten Begriffe – Interesse anstelle von Übel – entsprechen wohl eher Grundgedanken des Notstands. So wird darauf hingewiesen, dass „der Begriff 'Interesse' weiter gefasst ist als der des Übels, weil er positiv formuliert ist und bei der Abwägung auf die gleichen Faktoren abstellt, die schon innerhalb des Begriffs des Übels erfasst sind, und darüber hinaus neue Bewertungen und Sichtweisen erlaubt, die das weitere Abwägungsurteil verbessern und ergänzen, Belege also für eine optimale Bewertung innerhalb des Interessenbegriffs".[34] Mit anderen Worten: „Die verletzten Interessen dürfen nicht größer sein als die geschützten". Und es wird sogar vorgeschlagen, bereits auf Gesetzesebene einige Faktoren der Abwägung zu konkretisieren: „Bei der Bewertung sind alle rechtlich anerkannten, unmittelbaren und mittelbaren, allgemeinen und besonderen Interessen und Verpflichtungen zu berücksichtigen und nach ihrem jeweiligen rechtlichen Wert und der ihnen drohenden Gefahr abzuwägen".[35] Sicherlich stimmt diese Terminologie besser mit dem von der Mehrheitsmeinung entwickelten Grundverständnis zum Notstand überein. Dennoch muss man in dieser Frage auch die Haltung derer berücksichtigen, die auf die verletzenden Folgen – nämlich das zugefügte Übel – der Handlung beim Notstand hinweisen.[36] Beide Auffassungen ermöglichen – gegenüber den betroffenen Rechtsgütern – die Bestimmung des Rahmens, innerhalb dessen die Abwägung stattfinden muss.[37]

Jenseits der wissenschaftlichen Auseinandersetzung um die dogmatische Einordnung des Notstands in den Deliktsaufbau steht jedenfalls fest, dass der Gesetzgeber in der ersten Voraussetzung der Legaldefinition dieser Rechtsfigur einen relativ klar umrissenen Grundsatz eingeführt hat: „Das verursachte Übel darf nicht größer sein als dasjenige, um dessen Vermeidung es geht". Dabei sind vor allem die auf dem Spiel stehenden Interessen zu berücksichtigen (u.a. Wert der betroffenen Rechtsgüter, Grad der ihnen drohenden Gefahr). Insbesondere nach diesem Maßstab ist zu beurteilen, ob das Verhalten eines Täters, der beispielsweise dem Nachbarn sein Fahrzeug entwendet, um seine Ehefrau ins Krankenhaus zu bringen, gerechtfertigt ist oder nicht. Haben die Interessen, die Gegenstand des Schutzes sind (Schwere der Krankheit, Ausmaß der ihr drohenden Gefahr usw.) Vorrang vor dem Angriff auf die Rechtssphäre des Nachbarn und könnte das Verhalten grundsätzlich gerechtfertigt werden oder fehlt es im Gegenteil bereits an dieser ersten Voraussetzung des Rechtfertigungsgrunds? Stattdessen hat der Gesetzgeber die weiteren Voraussetzungen

34 *Bernal del Castillo*, Estudios en memoria de Valle Muñiz, 2001, S. 92.

35 *Molina Fernández*, RDPC 2000/1, 229 Fn. 58, der dennoch weiterhin davon spricht „ein Übel, das unter Berücksichtigung aller seiner mittelbaren und unmittelbaren Auswirkungen geringer ist als dasjenige, das zu vermeiden versucht wurde".

36 *Gimbernat Ordeig*, Estudios de Derecho penal, 1990, S. 230. Ebenso *Cuerda Riezu*, La colisión de deberes, 1984, S. 298 f.; *Luzón Peña*, Aspectos esenciales de la legítima defensa, 2002, S. 95 ff. Eingehend *Ropero Carrasco*, La provocación del estado de necesidad, 2002, S. 204 ff., 303 ff., 479 ff.

37 *Cerezo Mir*, PG II, S. 243 f.

des Notstands in einer Weise geregelt, die eine systematische Einordnung kaum zulässt. Schwerer aber wiegt, dass eine wesentliche Einschränkung des Notstandsrechts im Gesetz unerwähnt bleibt.

In der Lehre wird nämlich immer wieder gefordert, die Duldungspflichten so zu gestalten, dass noch genügend Spielraum besteht, um der Menschenwürde im Rahmen der Interessenabwägung den ihr gebührenden Stellenwert zukommen zu lassen. Zu Recht wird argumentiert, dass es nicht zulässig ist, „die Achtung der Menschenwürde lediglich als ein weiteres Interesse anzusehen, das in die Abwägung einfließt. Denn aufgrund ihrer verfassungsrechtlichen Bedeutung als Grundlage der politischen Ordnung und des sozialen Friedens (Art. 10 der span. Verfassung) handelt es sich um einen materiellen Grundsatz der Gerechtigkeit, der Gültigkeit *a priori* besitzt und der eine dem positiven Recht innewohnende Grenze darstellt".[38] Aus solchen Gründen ist an folgende Einschränkung des Notstandsrechts zu denken: „Zweitens: Die Menschenwürde darf dabei nicht angetastet werden". Dergestalt werden einerseits die für eine Abwägung relevanten Aspekte festgelegt und andererseits der normative Rahmen begrenzt, in dem sie stattfindet.

Dass diese Einschränkung trotz ihrer hohen verfassungsrechtlichen Bedeutung innerhalb des Gesetzestextes erst an zweiter Stelle erscheint, kann sich aus gesetzestechnischen Gründen erklären. Durch diese Anordnung kommt zum Ausdruck, dass jede Interessenabwägung nur auf dieser Grundlage erfolgen darf und darin zugleich ihre Begrenzung erfährt.[39] Der gesamte Rahmen der Interessenabwägung wird auf diese Weise klar umrissen, ohne die innere Kohärenz des Gesetzes zu beeinträchtigen. Diese beiden Voraussetzungen des

---

38 *Cerezo Mir*, PG II, S. 270; *ders.*, in: Rechtfertigung und Entschuldigung, 1991, S. 11. In Bezug auf Art. 1 GG siehe auch *Jarass*, GG, Art. 1 Rn. 1 ff. Ebenso siehe *Bernal del Castillo*, Estudios en memoria de Valle Muñiz, 2001, S. 92; *Quintero Olivares / Morales Prats / Prats Canut*, PG, S. 528 f. Kritisch *Pawlik*, Der rechtfertigende Notstand, 2002, S. 53 ff., 245 ff., unter Hinweis, S. 54, auf die Schwierigkeiten dieses Vorgehens, „zu einer einheitlichen Theorie des rechtfertigenden Notstands zusammenzuführen". Dagegen dieses Prinzip mit seiner Bedeutung im Rahmen der Interessenabwägung ansiedelnd Molina Fernández, RDPC 2000/1, 214 ff., 239 ff.

39 Vgl. *Jarass*, GG, Art. 1 Rn. 2 f. Anders vgl. *Molina Fernández*, RDPC 2000/1, 217, der die Struktur der Menschenwürde als Prinzip betont. Ähnlich *Quintero Olivares / Morales Prats / Prats Canut*, PG, S. 528. Kritisch dazu *Cerezo Mir*, PG II, S. 270. Der hauptsächliche Mangel der Konstruktion von *Molina*, wie der übrigen auf einem derartigen Grundsatz beruhenden liegt in der geringen Beachtung, die er der Position des der Duldungspflicht unterliegendem Handelnden widmet. Bei der Konstruktion von *Molina Fernández* hat es den Anschein, dass der Staat die Güter des Bürgers gewichten und so darüber verfügen kann. *Molina Fernández*, RDPC 2000/1, 221, weist zwar darauf hin, dass „die Abwägung gemäß den Bewertungen des Rechts erfolgt". Dennoch umgeht er die Frage bezüglich ihrer normativen Absicherung.

Notstands bilden eigentlich bereits ein einheitliches Beurteilungsraster für diesen Rechtfertigungsgrund. Dennoch hat der spanische Gesetzgeber darüber hinaus zwei zusätzliche Bestimmungen getroffen, die sich in die Struktur des Gesetzes nicht einfügen. Dies gilt weniger aufgrund ihres Inhalts als deswegen, weil sie als eigenständige Regelungspunkte formuliert sind und nicht als bloße Konkretisierung für die vorzunehmende Interessenabwägung verstanden werden. Beide Elemente verdienen daher zu Recht die Kritik der Rechtslehre.

Hinsichtlich der zweiten gesetzlichen Voraussetzung: „Der Notstand darf durch den Täter nicht absichtlich provoziert worden sein", wird allgemein angenommen, dass diese eine Rolle zwar in einer gesetzlichen Konzeption des Notstands als Entschuldigungsgrund spielen kann[40] – ähnlich wie in § 35 des deutschen StGB: „Dies gilt nicht, soweit dem Täter nach den Umständen, namentlich [...] weil er in einem besonderen Rechtsverhältnis stand, zugemutet werden konnte, die Gefahr hinzunehmen", dass sie aber als Bestandteil einer Regelung, die schon die Rechtfertigungsebene betrifft,[41] deplatziert wirkt. Dementsprechend bilden der rechtfertigende Notstand und eine vorausgegangene Provokation zwei voneinander unabhängige Fragen: Bei der ersten Frage geht es darum, ob nach der gebotenen Interessenabwägung überhaupt eine Rechtfertigung in Betracht kommt, während die zweite Frage ein allgemeines

40 So meint etwa *Cerezo Mir*, PG II, S. 286: „Diese Bedingung [wäre de lege ferenda] bei einer Gesetzeskonzeption des Notstands als Entschuldigungsgrund durch Ersetzen des Wortes 'absichtlich' durch 'schuldhaft' aufrechtzuerhalten [...], dürfte aber nicht Bestandteil eines rechtfertigenden Notstands werden. Das Provozieren einer Notstandssituation seitens des Opfers könnte bei der Interessenabwägung und trotz des – sogar absichtlichen – Provozierens berücksichtigt werden: Die geschützten Interessen könnten von höherem Wert als die verletzten sein und das Verhalten keinen schwerwiegenden Angriff auf die Menschenwürde implizieren. Bei Notstand als Entschuldigungsgrund und wenn das Opfer die Notstandssituation schuldhaft provoziert hat, ist ihm die Unterordnung unter das Rechte zumutbar und es kann nicht unter dem Schutz des Entschuldigungsgrunds stehen".

41 Kritisch zu verschiedenen Begründungsversuchen siehe eingehend *Ropero Carrasco*, La provocación del estado de necesidad, 2002, S. 46 ff., 95 ff., 177 f., 203 ff., die das Provozieren nicht als Problem der Rechtfertigung, sondern der Zurechnung des Erfolgs auffasst, auch wenn sie de lege lata eine teleologische Reduktion auf Verhaltensweisen vorschlägt, durch die absichtlich der Notstand und seine Folgen herbeigeführt wurden (S. 145 ff., 173 ff., 220 ff.). Diese Position von Ropero erscheint jedoch als zu utilitaristisch, S. 407 f.: „Bei Notstand wird das notwendige Verhalten vom Gesetzbuch geduldet, da dieses vor der Realität kapitulieren muss, die zuweilen zeigt, dass bestimmte Interessen nur auf Kosten anderer gewahrt werden können". Es entsteht manchmal der Eindruck, dass „die einzelnen Personen bloß noch als Orte des Nutzens, als beliebig austauschbare Vertreter eines 'Befriedigungssystems', als Instrumente unpersönlicher Wertmaximierung auf[tauchen]", so *Pawlik*, Der rechtfertigende Notstand, 2002, S. 42 f. Ebenso siehe *Palazzo*, PG, S. 381.

Zurechnungsproblem betrifft.[42] Von der Lehre wird nämlich darauf hingewiesen, dass sich nicht nachvollziehen lasse, „wie sich die Provokation, die ein von der Situation der Kollision unterschiedliches und ihr vorausgehendes Verhalten darstellt, auf den Wert der dabei involvierten Interessen auswirkt, da sie weder Einfluss [...] auf die Beschaffenheit der miteinander kollidierenden Güter oder Pflichten haben kann noch auf die Bedeutung des vermiedenen oder verursachten Übels".[43]

Sicherlich ändert sich die Bewertung, wenn das Ausmaß der Verantwortlichkeit, die dem Beteiligten für die Notstandslage zukommt, innerhalb eines strukturierten Schemas unter dem Aspekt von individueller Autonomie und intersubjektiver Solidarität mit berücksichtigt und in die Interessenabwägung eingestellt wird.[44] Allerdings muss die absichtliche Provokation auch nach dieser Auffassung auf andere Weise geregelt werden als derzeit im Gesetz vorgesehen. Die Lösung, die *Molina Fernández* mit der vierten Klausel seines Regelungsmodells vorschlägt, überzeugt ebenfalls nicht: „Die Erfüllung der vorhergehenden Voraussetzungen enthebt den, der vorsätzlich oder fahrlässig die Gefahrensituation herbeigeführt hat, nicht der Verantwortlichkeit".[45] Denn damit werden unterschiedliche Ebenen vermischt: Einerseits geht es um die Rechtfertigung des Verhaltens, bei der man den Zuständigkeitsgrad des Täters in die Interessenabwägung mit einbeziehen kann. Andererseits ist die Frage zu klären, ob der Täter wegen seines vorherigen Verhaltens strafrechtlich verantwortlich ist. Wird die Provokation zu einem gesetzlichen Merkmal erhoben, dann muss in jedem Fall auch zum Ausdruck kommen, dass sie lediglich eine weitere Position innerhalb der Interessenabwägung darstellt. Das heißt, sie wäre bereits inbegriffen in eine Gesetzesformulierung, wonach „alle rechtlich anerkannten, unmittelbaren und mittelbaren, allgemeinen und besonderen Interessen und Verpflichtungen [...] nach ihrem jeweiligen rechtlichen Wert"[46] Gegenstand der Abwägung sein sollen.

42 *Gimbernat Ordeig*, in: Rechtfertigung und Entschuldigung, 1991, S. 78.

43 *Ropero Carrasco*, La provocación del estado de necesidad, 2002, S. 177. Ebenso siehe *Palazzo*, PG, S. 387; *Gil Gil*, La ausencia del elemento subjetivo de justificación, 2002, S. 68 f.; *dies.*, RDPC 2005/15, 140 Fn. 130. Anders *Kühl*, AT, S. 205, 254, für den die Verursachung der Notstandslage durch den Täter „seinen Anspruch auf fremde Solidarität in Form von Duldungspflichten" beeinträchtigen kann.

44 So etwa *Baldó Lavilla*, Estado de necesidad, 1994, S. 1 ff.

45 *Molina Fernández*, RDPC 2000/1, 228 f. Fn. 58. Dagegen *Gimbernat Ordeig*, in: Rechtfertigung und Entschuldigung, 1991, S. 78; eingehend siehe ebenso *Ropero Carrasco*, La provocación del estado de necesidad, 2002, S. 1 ff.

46 Siehe etwa *Molina Fernández*, RDPC 2000/1, 228 f. Fn. 58.

Bezüglich der letzten Einschränkung: „Der in Not Befindliche darf nicht aufgrund seines Berufs oder Amtes verpflichtet sein, sich aufzuopfern", wird zu Recht darauf hingewiesen, dass „eine Pflicht zur Aufopferung seitens des in Not Befindlichen bei der Interessenabwägung berücksichtigt werden kann und dass trotz dieser Pflicht gelegentlich das geschützte Interesse von größerem Wert sein kann als das verletzte.[47] Entsprechend dem Vorgesagten bildet also auch eine Pflicht zur Aufopferung lediglich einen der Aspekte, die innerhalb der Interessenabwägung zum Tragen kommen. Eine mögliche Gesetzesformulierung könnte lauten: „Die besonderen rechtlich anerkannten Interessen und Pflichten zur Aufopferung begünstigen oder benachteiligen jeweils nur diejenigen, bei denen sie vorliegen".[48] Damit werden auch der Grundsatz der Interessenabwägung[49] und die einheitliche Struktur dieser Vorschrift gewahrt.

In letzterem Sinn kann festgehalten werden, dass ein Gutteil der vorgebrachten Einwände nicht so sehr auf die einzelnen im Gesetz geregelten Merkmale, sondern auf die Art, in der die Regelung erfolgte, zurückzuführen sind. Der breite Diskurs *de lege lata* lässt auch kein anderes Ergebnis zu. Die kasuistische Gestaltung des Gesetzes ist nicht Ausdruck einer Reflexion über die Prinzipien, auf denen dieser Rechtfertigungsgrund beruht. Sie ist vielmehr von der Sorge getragen, dass alle, die eine Notstandslage provoziert haben oder Adressaten besonderer Pflichten sind, sich sonst ohne Weiteres gerechtfertigt sehen könnten. Trotzdem gefährdet eine solche Kasuistik die innere Kohärenz der Vorschrift. Jede Detailregelung, die nicht in die Struktur des jeweiligen Rechtfertigungsgrundes integriert wird, erschwert überdies eine tiefere dogmatische Durchdringung in Rechtsprechung und Lehre. Daher bedarf es ihrer Eingliederung und Bewertung unter dem allgemeineren Blickwinkel, den die strukturellen Grundsätze des jeweiligen Rechtfertigungsgrundes erlauben. Eine unsystematische Gesetzesfassung dagegen nimmt Flexibilität gerade in der Kategorie der Verbrechenslehre, die ihrer aus kriminalpolitischen Gründen am meisten bedarf[50].

---

47 *Cerezo Mir*, PG II, S. 288 f. Ähnlich *Muñoz Conde / García Arán*, PG, S. 333, die zu Recht darauf hinweisen, dass in keinem Fall „von irgendjemandem heldenhaftes oder tugendhaftes Verhalten gefordert werden kann"; *Quintero Olivares / Morales Prats / Prats Canut*, PG, S. 533. Ebenso siehe *Palazzo*, PG, S. 390 f., mit dem Hinweis auf die Notwendigkeit „besonderer Vorsicht bei der Anwendung in sämtlichen Fällen von grobem Missverhältnis zwischen der verursachten Gefahr und dem einem Dritten zugefügten Schaden". Eingehend siehe ebenso *Pawlik*, Der rechtfertigende Notstand, 2002, S. 215 ff.

48 Wie in der dritten Klausel des Vorschlags von *Molina Fernández*, RDPC 2000/1, 229 Fn. 58 festgelegt.

49 *Gimbernat Ordeig*, Introducción a la parte general, 1979, S. 65.

50 *Roxin*, Kriminalpolitik und Strafrechtssystem, 1973, S. 24: „Mit den Rechtfertigungsgründen nämlich dringt die Dynamik sozialer Veränderungen in die Verbrechenslehre ein".

Das Verständnis der Rechtswidrigkeit als Kategorie, die jenseits des „Urteils über die soziale Nützlichkeit oder Schädlichkeit eines Verhaltens, über Rechtfertigung oder Unrecht",[51] auch die Funktion hat, das Unrecht abzustufen,[52] vereinfacht es, weitere Rechtsinstitute in ihren systematischen Rahmen einzuschließen. Konkret sind hier die nicht bereits durch einen speziellen Tatbestand erfassten allgemeinen Strafmilderungs- und Strafverschärfungsgründe[53] angesprochen. Anders als bei den Rechtfertigungsgründen handelt es sich bei Art. 21 ff. spanStGB um Rechtsinstitute, die keine Konfliktsituation wie beim Notstand betreffen, sondern Grundsätze für die Bewertung „der Umstände aufstellen, die als weitere Fakten zu dem Delikt hinzutreten, ohne sein Wesen zu verändern".[54] Für solche Merkmale lässt sich eine gesetzliche Definition leichter entwickeln, denn es geht nicht darum, eine Konfliktsituation nach entsprechenden Ordnungsprinzipien aufzulösen, sondern bestimmte materielle Aspekte zu beschreiben, denen eine Bedeutung auf der Unrechtsebene zugeschrieben wird. Trotzdem empfiehlt sich statt der vom spanischen Gesetzgeber gewählten Kasuistik auch hier eine Prinzipienorientierung bei der Gestaltung der gesetzlichen Regelung.

So genügt beispielsweise die Lektüre von Art. 22 des Allgemeinen Teils des spanStGB, um zu erkennen, dass in ein und derselben Generalklausel zu den

---

51 *Roxin*, Kriminalpolitik und Strafrechtssystem, 1973, S. 26.

52 Grundlegend *Alonso Álamo*, El sistema de las circunstancias del delito, 1981. Ebenso siehe *Boldova Pasamar*, La comunicabilidad de las circunstancias, 1995, S. 36 ff.; *Díez Ripollés*, in: Causas de justificación, 1995, S. 139; *Pérez Alonso*, Teoría general de las circunstancias, 1995, S. 98, 122 ff.; *Salinero Alonso*, Teoría general de las circunstancias, 2000, S. 66 ff. Ebenso siehe *Günther*, Strafrechtswidrigkeit und Strafunrechtsausschluss, 1983, S. 114 ff., 126 ff., 373 ff.

53 Es handelt sich mit den Worten von *Muñoz Conde / García Arán*, PG, S. 476, um Elemente, „die, ohne die Existenz des Delikts zu betreffen, eine Steigerung oder Verringerung der Schwere der Tat oder der Schuld des Täters bewirken". In diesem Sinn *Alonso Álamo*, El sistema de las circunstancias del delito, 1981, S. 435 ff.; *Boldova Pasamar*, La comunicabilidad de las circunstancias, 1995, S. 43; *Díez Ripollés*, La Ley 1993/2, 899. Ebenso siehe *Flores Mendoza*, El error sobre las circunstancias, 2004, S. 10. Anders *González Cussac*, Teoría general de las circunstancias, 1988, S. 93 ff, 145 ff.

54 *Alonso Álamo*, El sistema de las circunstancias del delito, 1981, S. 193. Ebenso siehe *Flores Mendoza*, El error sobre las circunstancias, 2004, S. 10; *González Cussac*, Teoría general de las circunstancias, 1988, S. 85 ff.; *Salinero Alonso*, Teoría general de las circunstancias, 2000, S. 27 f. Es geht nach *Boldova Pasamar*, La comunicabilidad de las circunstancias, 1995, S. 41, um Elemente, die „eine untergeordnete oder unwesentliche Funktion bei der Charakterisierung der Tat erfüllen. Während die Abgrenzung und die Festlegung des Strafbaren nur von den einzelnen Merkmalen des Tatbestands geleistet wird, charakterisieren die Tatumstände allein die für die Strafzumessung wesentlichen Aspekte im konkreten Einzelfall". Zur historischen Entwicklung, ausführlich *González Cussac*, Teoría general de las circunstancias, 1988, S. 7 ff.

Strafverschärfungsgründen so inhomogene Umstände aufgelistet werden wie das Verwenden einer Verkleidung oder die Ausführung der Tat „unter Missbrauch von Überlegenheit, Ausnutzung der örtlichen oder zeitlichen Gegebenheiten oder der Hilfe anderer Personen, welche die Verteidigung des Verletzten erschwert oder dem Täter das Entkommen erleichtert". Zu dieser Verschiedenartigkeit der Strafverschärfungsgründe tritt zwar am Ende der Definition noch ein Bezug auf ihren gemeinsamen Nenner hinzu: Erschwerung der Verteidigung oder Erleichterung des Entkommens. Trotzdem sollte die eingesetzte Gesetzgebungstechnik eher umgekehrt verfahren: Ausgehend von der *ratio* sollte die Definition aus dem Kern des Strafverschärfungsgrunds entwickelt werden, um dann als Erklärung eine Reihe von aufeinander folgenden Beispielen hinzuzufügen. In Bezug auf die *ratio* scheint es zudem ratsam, nicht den systematischen Aufbau der Regelung zu durchbrechen, sondern ihren Inhalt auf zwei verschiedene Absätze zu verteilen, und zwar entsprechend dem zu ihrer Erklärung heranzuziehenden Strafverschärfungsgrund – Erschwerung der Verteidigung oder Erleichterung des Entkommens.

In Bezug auf den Gebrauch einer Verkleidung liegt der Gesetzeszweck einerseits im erhöhten Handlungsunrecht, wenn sich der Täter die Begehung des Delikts dadurch erleichtert,[55] und andererseits darin, dass er sich so der Bestrafung entziehen will.[56] Dementsprechend sollte die gesetzliche Regelung weniger auf die Verkleidung, die lediglich ein Mittel darstellt, als auf die materiellen Gründe abheben, welche die Strafschärfung legitimieren, nämlich: das Ziel, sich die Tatausführung zu erleichtern oder sich der Strafe zu entziehen.[57] Mit anderen Worten: „Artikel 22. Erschwerende Umstände sind:

> 1. [...]
>
> 2. die Ausführung der Tat durch Mittel, die darauf abzielen, die Identifizierung des Täters zu erschweren bzw. sein Entkommen zu erleichtern".

---

55 Vgl. *Cerezo Mir*, PG II, S. 394; *Polaino Navarrete*, Comentarios al Código penal, 1999, S. 925 ff.

56 So etwa *Mir Puig*, PG, S. 617. Ebenso *Díez Ripollés*, La Ley 1993/2, 903; *Flores Mendoza*, El error sobre las circunstancias, 2004, S. 23 Fn. 91. Kritisch *Boldova Pasamar*, La comunicabilidad de las circunstancias, 1995, S. 111 ff., für den dieser Strafschärfungsgrund einer „ritterlichen Sichtweise des Strafrechts oder einer absurden Auffassung von Fairplay beim Delikt" zu entsprechen scheint. Ähnlich führt *González Cussac*, CDJ 1995, 33, an, dass nicht „erwartet werden kann, dass der Straftäter das Scheitern seines eigenen Delikts bewirkt oder der Justiz die Arbeit erleichtert"; *ders.*, Teoría general de las circunstancias, 1988, S. 152, hebt die Notwendigkeit hervor, „die Strafschärfungsgründe den zeitgemäßen kriminalpolitischen Erfordernissen anzupassen".

57 STS 5.5.2004. Ähnlich siehe bereits *Alonso Álamo*, El sistema de las circunstancias del delito, 1981, S. 536 f. Ebenso *Muñoz Conde / García Arán*, PG, S. 488.

Im Interesse größerer Bestimmtheit und Praktikabilität kann diese Formel durch gesetzliche Beispiele ergänzt werden: „[...] Dies ist regelmäßig anzunehmen, wenn die Tat mittels Verkleidung ausgeführt wird [...]“.[58] Dabei kann auf die Auslegung des Begriffs der Verkleidung in Rechtslehre und Rechtsprechung zurückgegriffen werden. Sicherlich kann ein kasuistisches System der Strafverschärfungsgründe ihrem möglichen Anwendungsbereich präzisere semantische Grenzen verschaffen.[59] Eine solche Präzisierung kann in gleichwertiger Weise aber auch durch gesetzliche Regelbeispiele erreicht werden.

Jedoch hat sich der Gesetzgeber für die umgekehrte Reihenfolge entschieden und geht bei der Fassung der Strafverschärfungsgründe von der Kasuistik aus – nämlich dem Gebrauch einer Verkleidung oder der „Ausnutzung der örtlichen oder zeitlichen Gegebenheiten oder der Hilfe anderer Personen“ – und nennt erst danach die Gründe für die Strafverschärfung: Erschwerung der Verteidigung oder Erleichterung des Entkommens. Über Fragen der Gesetzgebungstechnik hinaus wäre eine Rationalisierung des Systems der Strafschärfungsgründe im Sinne einer Prinzipienorientierung hilfreich, um den wissenschaftlichen Diskurs darüber zu fördern und mit größerer Kohärenz auszustatten. Auf diese Weise würde die Auseinandersetzung nicht so sehr der Frage gelten, ob verkleidet ist, wer sich bis über die Nase in einen Schal einwickelt,[60] sondern stattdessen darüber geführt werden, ob der Täter im strafrechtlichen Sinne verkleidet ist, also seine Identifizierung und dadurch Überführung erschwert hat.

Die übrigen Strafverschärfungsgründe dieser Klausel, „Missbrauch von Überlegenheit, Ausnutzung der örtlichen oder zeitlichen Gegebenheiten oder der Hilfe anderer Personen“, könnten als Regelbeispiele in diesen vorgeschlagenen neuen Art. 22.2 des spanStGB aufgenommen werden bzw. einen nächsten Absatz bilden. So könnte beispielsweise der dritte Absatz folgende Fassung erhalten: „3. Die Ausführung der Tat durch Mittel, Methoden oder Formen, welche die Erleichterung der Straftat zum Ziel haben,“ und als erklärende Regelbeispiele könnten „Missbrauch von Überlegenheit, Ausnutzung der örtli-

58 Allgemein unter Hinweis auf die Tauglichkeit von erläuternden Beispielen, „vor allem, wenn im Strafgesetz Begriffe verwendet werden, deren Bedeutung von derjenigen abweicht, die sie bereits im normalen Sprachgebrauch besitzen, sowie von der Bedeutung derselben in anderen Bereichen der Rechtsordnung“, *Madrid Conesa*, La legalidad del delito, 1983, S. 132. Ebenso siehe *Pérez Alonso*, Teoría general de las circunstancias, 1995, S. 377.

59 Erklärend *Alexy*, Teoría de la argumentación jurídica, 1989, S. 226 f.

60 So etwa STS 5.5.2004.

chen oder zeitlichen Gegebenheiten oder der Hilfe anderer Personen sowie der Gebrauch von Verkleidung“ aufgenommen werden.[61]

Die Nähe dieses Vorschlags für einen möglichen dritten Absatz von Art. 22 des spanStGB zum gegenwärtigen Art. 22.1 ist kein Zufall. So sieht dieser als Strafverschärfungsgrund vor: Wer „irgendeine Straftat gegen Personen begeht und bei der Ausführung Mittel, Methoden oder Formen anwendet, die unmittelbar oder ausdrücklich darauf gerichtet sind, die Ausführung ohne Gefahr für die eigene Person zu gewährleisten, die durch die von dem Verletzten ausgehende Verteidigung entstehen könnte“. Solche Umstände sind vom Gesetzgeber ausdrücklich als Heimtücke bezeichnet worden. Dagegen fasst er, wie dargelegt, in Absatz 2 den Missbrauch von Überlegenheit zusammen mit den genannten örtlichen oder zeitlichen Gegebenheiten und der Hilfe anderer Personen, „welche die Verteidigung des Verletzten erschweren“. Die Möglichkeit von Überschneidungen des Missbrauchs von Überlegenheit, der Hilfe anderer Personen, Heimtücke und anderer Strafverschärfungsgründe – außer der oben erwähnten – wie Missbrauch von Vertrauen in Art. 22.6 spanStGB ist offensichtlich. Um ein Beispiel zu nennen, kann der unerwartete Gebrauch eines Messers, der es gestattet, den Missbrauch von Überlegenheit (vgl. STS 5.5.2004) fortzusetzen, auch als Heimtücke verstanden werden.[62] So wird in STS 28.1.2004 in Bezug auf die Heimtücke durch unerwarteten Waffengebrauch angenommen, dass bei „Heimtücke durch Verrat als wesentliches Element ein Missbrauch von Vertrauen oder einer Vertrauensbeziehung vorliegt, bei der sich der Täter einem Opfer gegenübersieht, das aufgrund dieser Vertrauensbeziehung keine Furcht hat [...] Für die Heimtücke durch Überraschung [...] ist charakteristisch, dass das Opfer sich nicht gegen den Angriff wehren kann, weil es damit nicht gerechnet hat“. In diesem Fall geht es um eine unerwartete Handlung, „da die Waffe *plötzlich* gezogen wurde [...], was den Taterfolg dadurch gewährleistete, dass eine Verteidigung seitens des Geschädigten unmöglich gemacht wurde“.[63] Hier möchte ich lediglich die Aufmerksamkeit

61 A.A. im Hinblick auf die Verkleidung *Mir Puig*, PG, S. 617. Unter Hinweis auf deren Bedeutung im Rahmen der Schuld *Muñoz Conde / García Arán*, PG, S. 478. Allgemein unter Hinweis auf die Notwendigkeit „der Neuordnung und Neudefinition sämtlicher auf einer verringerten Verteidigungsfähigkeit begründeten Strafverschärfungsgründe“ siehe *González Cussac*, CDJ 1995, 35.

62 Vgl. *Díez Ripollés*, La Ley 1993/2, 902 f.

63 Ebenso siehe *Alonso Álamo*, El sistema de las circunstancias del delito, 1981, S. 472 f.; bezüglich ihrer Abgrenzung gegenüber Vertrauensmissbrauch, S. 509 ff. Ebenso *Gimbernat Ordeig*, Introducción a la parte general, 1979, S. 91. In Bezug auf den Vertrauensmissbrauch siehe auch *Mir Puig*, PG, S. 617; *Pérez Alonso*, Teoría general de las circunstancias, 1995, S. 181. Mit Hinweis auf die zweifelhafte Schuldkomponente, welche die so genannte „Heimtücke durch Verrat“ einbeziehen kann, *Muñoz Conde /*

auf die begriffliche und materielle Überschneidung lenken, die bereits auf Gesetzesebene zwischen den Strafverschärfungsgründen in Absatz eins, zwei und sechs von Art. 22 des spanStGB angelegt ist: In einigen Entscheidungen wird bei der Heimtücke auf die Vertrauenssituation oder den Überraschungsfaktor abgehoben, während genau diese Faktoren in anderen Urteilen herangezogen werden, um einen Missbrauch von Überlegenheit – Art. 22.2 – oder von Vertrauen – Art. 22.6 – zu begründen. Unabhängig von den daraus resultierenden Auslegungsschwierigkeiten in Lehre und Rechtsprechung bergen diese Überschneidungen das Risiko einer doppelten Strafverschärfung. Dieses Risiko ergibt sich aus dem Gesetz selbst und ließe sich durch eine bessere Gesetzestechnik vermeiden.

Eine Systematik der Strafschärfungsgründe, wie sie hier vorgeschlagen wird, macht eine weitere wissenschaftliche Auseinandersetzung über deren Abstufung und Differenzierung erforderlich. Die verschiedenen im Gesetz beschriebenen Strafverschärfungsgründe wie „die Ausführung der Tat durch Mittel oder Formen, welche die Erleichterung der Straftat zum Ziel haben", „die Ausführung der Tat durch Mittel oder Formen, die darauf abzielen, die Identifizierung des Täters zu erschweren bzw. sein Entkommen zu erleichtern" oder einfach „die absichtliche und unmenschliche Steigerung der Leiden des Opfers unter Verursachung von Schmerzen, die für die Ausführung der Straftat unnötig sind" wie im fünften Absatz des gegenwärtigen Art. 22 geregelt, bieten einen guten Ansatzpunkt, um eine Systematisierung hinsichtlich der konkreten Rechtsfolgen vorzunehmen.[64] Dazu sind vielfältige Optionen denkbar, insbesondere die Einführung eines Rechtsfolgensystems mit abgestuftem Charakter je nach Bedeutung des strafschärfenden Umstands für das materielle Unrecht. An dieser Stelle möchte ich mich darauf beschränken, meine Zweifel an der *de lege lata* bestehenden Gleichstellung aller in Art. 22 genannten Strafschärfungsgründe zum Ausdruck zu bringen. Es ist nicht nachvollziehbar, dass kein Unterschied im Unrecht vorhanden sein soll zwischen demjenigen, der wie in

---

García Arán, PG, S. 478. In diesem letztgenannten Sinn siehe bereits *Alonso Álamo*, El sistema de las circunstancias del delito, 1981, S. 340, 342, 357, 468 ff., 492 ff.

64 In diesem Sinn mit Hinweis auf das Ungleichgewicht zwischen den Strafmilderungs- und Strafverschärfungsgründen gemäß ihrem Standort im Allgemeinen oder Besonderen Teil des StGB *Boldova Pasamar*, La comunicabilidad de las circunstancias, 1995, S. 44. Ebenso *Flores Mendoza*, El error sobre las circunstancias, 2004, S. 25 f.; *Salinero Alonso*, Teoría general de las circunstancias, 2000, S. 24 f. Bezüglich der Straftaten gegen das Leben unterscheidet bereits *Gimbernat Ordeig*, ADPCP 1990, 438 f., zwischen „leichten", „mittleren" und „überaus erschwerenden" strafschärfenden Umständen gemäß ihrer Auswirkung auf die Rechtsfolge. Mit Hinweis auf die Notwendigkeit einer besseren Abgrenzung der Strafrahmen *González Cussac*, CDJ 1995, 34; *ders.*, Teoría general de las circunstancias, 1988, S. 90, 150 f.

dem oben erwähnten Fall das Gesicht mit einem Schal verdeckt, und demjenigen, der nicht nur über einen kräftigeren Körperbau verfügt, sondern auch unerwartet ein gefährliches Messer aus seinem Strumpf zieht und zur Tatbegehung einsetzt.[65] Die Wertungswidersprüche nehmen zu, wenn der Missbrauch von Überlegenheit mit einem beliebigen Fall von Grausamkeit verglichen wird. Das wird deutlich, wenn das oben schon herangezogene Beispiel der Verkleidung mit einem Schal einem Tathergang gegenübergestellt wird, bei dem der Täter einem anderen „Schnitte oder Messerstiche sowie zahlreiche gewaltsame Schläge [zufügt], darunter einen Fußtritt, der zum Verlust des mittleren Schneidezahns und des linken oberen Schneidezahns führte, wobei er mit all dem darauf abzielte [...], unnötig den Schmerz des Opfers zu steigern".[66] Generell wird man feststellen können, dass der Unwertgehalt von Handlungen zu dem Zweck, die Identität zu verbergen bzw. sich der Strafe zu entziehen, geringer ist als derjenige von Handlungen, „die die Begehung der Tat ermöglichen sollen". Die letztgenannten Tatumstände schaffen nämlich ein erhebliches Risiko bereits für das betroffene Rechtsgut aus. Und diese können es ihrerseits gegenüber jenen zeigen, die jenseits der Unrechtsebene auch auf der Schuldebene Relevanz erlangen, wie zum Beispiel die „absichtliche und unmenschliche Steigerung der Leiden des Opfers" in Art. 22.5 des spanStGB – unbeschadet ihrer Berücksichtigung in speziellen Vorschriften des Besonderen Teils, vgl. etwa Art. 139 des spanStGB. Die Systematisierung der Strafschärfungsgründe ermöglicht also eine Debatte über die Zweckmäßigkeit der im Allgemeinen Teil vorgesehenen Gleichstellung ihrer Rechtsfolgen. Dieser Klärungsprozess sollte auch die entsprechenden Vorschriften im Besonderen Teil mit umfassen.

Im Vergleich zu einer kasuistischen Regelungstechnik, wie sie sich in Formulierungen wie „Ausführung der Tat mittels Verkleidung" oder „Ausnutzung der örtlichen und zeitlichen Gegebenheiten" zeigt, könnte ein höherer Abstraktionsgrad der Strafschärfungsgründe zu einem Verlust an Bestimmtheit führen. Dem ist jedoch entgegenzuhalten, dass auch solche kasuistischen Regelungen normativ bestimmt werden müssen.[67] Bei einer stärkeren Prinzipienorientierung der Strafschärfungsgründe wird lediglich das materielle Unrecht, das ihre Annahme legitimiert, in den Vordergrund gerückt. Ebenso ermöglicht die Erläuterung der Prinzipien durch Beispiele nicht nur die erforderliche Fle-

65 STS 22.12.2003.

66 STS 22.12.2003.

67 Vgl. *Cerezo Mir*, PG II, S. 394.

xibilität für die Rechtsanwendung,[68] sondern sichert auch die semantischen Grenzen, die beim jetzigen Regelungsmodell schon bestehen.

Hinsichtlich der einzelnen Merkmale, die zur Formulierung dieser Strafschärfungsgründe gewählt werden, also deskriptive und unwerthaltige Elemente, kann ich auf meine Ausführungen zur Tatbestandsmäßigkeit verweisen.[69]

Diese Überlegungen können teilweise auf die in Art. 21 des Allgemeinen Teils des spanStGB erfasste Regelung der Strafmilderungsgründe übertragen werden. So ist gegenüber einem Modell wie dem in Art. 21.4 vorgesehenen, wonach „der Täter die Straftat bei einer Behörde gestanden hat, bevor er weiß, dass das gerichtliche Verfahren sich gegen ihn richtet", ein anderes vorzuziehen, das zunächst den Gesetzeszweck erklärt – etwa die „Erleichterung der polizeilichen Nachforschungen"[70] – und diesen dann durch eine Reihe von Beispielen konkretisiert: „[...] durch die Verwirklichung von Handlungen wie Geständnissen, Zusammenarbeit" usw. Hier handelt es sich nicht um eine Unrechtsfrage, denn Art. 21.4 beruht nur auf verfolgungspragmatischen Gründen: „Erleichterung der polizeilichen Nachforschungen".[71] Aber auch hier empfiehlt es sich, die materiellen Erwägungen, die diesen Strafmilderungsgrund stützen, in den Vordergrund zu rücken. Die entgegengesetzten Rechtsfolgen bei den Strafmilderungsgründen erlauben freilich einen größeren Gestaltungsspielraum insofern, als hier die Anforderungen an die Gesetzesbestimmtheit geringer sind. Unter verfassungsrechtlichen Aspekten kann deshalb auf eine Beispielsklausel verzichtet werden, auch wenn sie aus Klarheits- und Wirksamkeitsgründen dennoch angebracht erscheint. In jedem Fall ergibt sich *de lege ferenda* für die allgemeinen Strafmilderungsgründe – wenn überhaupt – nur ein geringer Diskussionsspielraum im Rahmen der Rechtswidrigkeit.

Vor einigen Jahren äußerte *Cerezo Mir* Bedenken gegen die gesetzliche Festschreibung der Ordnungsprinzipien von Rechtfertigungsgründen. Es bestehe die Gefahr, „dass die gesetzliche Regelung bald als überholt betrachtet werden müsse und ein Hindernis für die weitere Entwicklung der Strafrechtswissen-

---

68 Vgl. *Pérez Alonso*, Teoría general de las circunstancias, 1995, S. 364 ff.

69 Siehe oben unter B, II.

70 So etwa STS 13.12.2004.

71 Vgl. *Muñoz Conde / García Arán*, PG, S. 486. Ebenso *Boldova Pasamar*, La comunicabilidad de las circunstancias, 1995, S. 90, unter Hinweis auf die Tendenz, bei diesem Strafmilderungsgrund „im Wesentlichen zuerst den objektiven Nutzen des jeweiligen Verhaltens zu betrachten, sei es für die Gesellschaft, die Justiz oder das Opfer"; *Flores Mendoza*, El error sobre las circunstancias, 2004, S. 13, 25, 132 f.; *Salinero Alonso*, Teoría general de las circunstancias, 2000, S. 81, 85, in Anspielung auf utilitaristische und pragmatische Gründe hinsichtlich der Verfolgung der Taten.

schaft darstelle".[72] Was die Frage einer dogmatischen Zuordnung zur Ebene der Rechtswidrigkeit oder der Schuld angeht, kann ich mich seinen Bedenken nur anschließen.[73] Ein Vorgehen wie das des deutschen Gesetzgebers, nämlich festzulegen, wann der Notstand rechtfertigend wirkt und wann er nur auf der Schuldebene relevant ist, hätte eine Debatte wie die – hier lediglich – skizzierte erheblich behindert. Hinsichtlich einer Festschreibung der Ordnungsprinzipien kann ich jedoch nicht zustimmen, denn es ist keine an Ordnungsprinzipien orientierte Regelung denkbar, welche die Entwicklung und Anpassungsfähigkeit der Rechtfertigungsgründe einschränken kann. Wenn man sich einige der oben angeführten Prinzipien zur Lösung von Konfliktsituationen vor Augen führt: Menschenwürde, intersubjektive Solidarität, individuelle Autonomie oder einfach der Gedanke der Interessenabwägung, so lässt sich erkennen, dass es sich hier nicht um rechtliche Werte handelt, bei denen sich die Frage nach ihrer Überwindung von einem Tag auf den anderen stellt.[74] Denn diese Ordnungsprinzipien bilden die Grundlage unserer Verfassung und unserer Gesellschaft. Hinzu kommt, dass ein höherer Abstraktionsgrad und die Tatsache, dass damit nur Abwägungskriterien gesetzlich verankert werden, keinen Mangel an Anpassungsfähigkeit bedeuten, sondern eher eine leichtere Anpassung der Strafrechtswissenschaft an die dynamische Entwicklung in unserer Gesellschaft erlauben. Dieser Mangel an Anpassungsfähigkeit ist im Gegenteil in Bezug auf die geltende kasuistische Regelung zu konstatieren, weil sie mit Begriffen wie „Verkleidung" usw. mehr Auslegungsfragen aufgeworfen als gelöst hat.

II. Zur subjektiven Seite der Rechtswidrigkeit

Die Debatte über die subjektiven Rechtfertigungselemente weist eigenständige Probleme auf. Hier geht es weniger um die Entscheidung von „sozialen Konflikten in komplexen Zusammenhängen"[75] als vielmehr um den Ausgleich von Handlungs- und Erfolgsunwert. Nach der herrschenden Meinung setzen auch die Rechtfertigungsgründe wie die Tatbestandsmerkmale subjektive Elemente voraus.[76] Dementsprechend ist sogar die Rede von Verteidigungsabsicht oder -willen in Bezug auf Notwehr oder von einem Willen zur Vermeidung eines

---

72 *Cerezo Mir*, in: Rechtfertigung und Entschuldigung, 1991, S. 18 f.

73 Ebenso *Gimbernat Ordeig*, in: Rechtfertigung und Entschuldigung, 1991, S. 74.

74 Vgl. *Roxin*, Kriminalpolitik und Strafrechtssystem, 1973, S. 26 ff.

75 Vgl. *Roxin*, Kriminalpolitik und Strafrechtssystem, 1973, S. 24 ff.

76 Grundlegend *Trapero Barreales*, Los elementos subjetivos, 2000.

eigenen oder fremden Übels in Bezug auf den rechtfertigenden Notstand.[77] So stellt beispielsweise *Cerezo Mir* fest, dass „auf die gleiche Weise, wie das Unrecht bei Vorsatz- und Fahrlässigkeitsdelikten nur begründet wird, wenn dem Erfolgsunwert ein Handlungsunwert hinzugefügt wird, auch der Ausschluss des Unrechts das Vorliegen des Handlungswerts und des Erfolgswerts der Rechtfertigungsgründe erfordert, das heißt, für die Rechtfertigung müssen sämtliche subjektiven und objektiven Elemente gegeben sein".[78] Mit anderer Begründung kommt auch *Hoyer* zum selben Ergebnis: „Dadurch, dass ein bestimmter Umstand erst auf der Rechtfertigungs- statt auf der Tatbestandsebene berücksichtigt wird, soll der Täter frei darüber entscheiden können, ob er eine sich ihm bietende Chance (tatbestandserfüllend) wahrnehmen will oder nicht. Erkennt der Täter die betreffende Chance auf der Grundlage seiner Tatsachenvorstellungen aber gar nicht, so entscheidet er sich mit seinem tatbestandsmäßigen Verhalten auch nicht dafür, dieser Chance Rechnung zu tragen. Er profi-

---

77 So etwa *Cerezo Mir*, PG II, S. 196 ff. Ebenso siehe *Hirsch*, LK, § 34 Rn. 45, 47. Dagegen *Frisch*, FS für Lackner, 1987, S. 135 ff.; *Gimbernat Ordeig*, in: Rechtfertigung und Entschuldigung, 1991, S. 71 f.; *Kühl*, AT, S. 131, 183 f.; *Luzón Peña*, Aspectos esenciales de la legítima defensa, 2002, S. 550 f.; *Muñoz Conde / García Arán*, PG, S. 312 f.; *Sch / Sch / Lenckner / Perron*, § 34 Rn. 48. Demgegenüber ist *Trapero Barreales*, Los elementos subjetivos, 2000, S. 287 f., der Ansicht, „dass die richtige Lösung darin bestehen muss, die Kenntnis des Vorliegens der rechtfertigenden Situation vorauszusetzen, d.h. auch ein Willensmerkmal oder -element ähnlich dem Willensgehalt beim Vorsatz zuzulassen". Ebenso *Rath*, Das subjektive Rechtfertigungselement, 2002, S. 200: „Ein Wollen ist dabei grundsätzlich bereits gegeben mit dem Verhalten in der hinreichend sicheren Kenntnis, durch die mit diesem gesetzten Faktoren – Risiken bzw. Chancen – eine bestimmte Realitätsveränderung, hier im Sinne eines bestimmten Rechtfertigungsgrundes, zu bewirken".

78 *Cerezo Mir*, PG II, S. 196 ff. Ebenso *Cuello Contreras*, Estudios en memoria de Valle Muñiz, 2001, S. 148; unter Hinweis darauf, dass „die von den Rechtfertigungsgründen beigetragenen positiven Bewertungen die negativen des Tatbestands überwiegen", *Díez Ripollés*, in: Causas de justificación, 1995, S. 132; *Frisch*, FS für Lackner, 1987, S. 122 ff.; *Gil Gil*, La ausencia del elemento subjetivo de justificación, 2002, S. 58 f., die von einer notwendigen „Parallelität zwischen der Bildung und dem Ausschließen des Unrechts spricht"; *Günther*, Strafrechtswidrigkeit und Strafunrechtsausschluss, 1983, S. 242 ff.; *Huerta Tocildo*, Sobre el contenido de la antijuridicidad, 1984, S. 84, 123; *Molina Fernández*, Antijuridicidad penal y sistema del delito, S. 395 Fn. 68; *Rath*, Das subjektive Rechtfertigungselement, 2002, S. 353: „Rechtfertigung bedeutet [...] den 'Ausgleich', die 'Kompensation', unrechtlicher Verletzung – und damit die (Wieder-)Herstellung rechtlicher Verhältnisse"; *Schünemann*, ADPCP 1991, 705; *Valle Muñiz*, El elemento subjetivo de justificación, 1994, S. 52, 71 ff.: „Bestimmungsnorm, persönliches Unrecht und Relevanz des subjektiven Elements in den Rechtfertigungsgründen, erscheinen als eine schwer in Frage zu stellende Gleichung"; *Wolter*, in: Grundfragen des modernen Strafrechtssystems, 1984, S. 108: „All diese Zusammenhänge bei der Unrechtsbegründung kehren [...] auf der Ebene der Erlaubnisnormen bei den Rechtfertigungsgründen und damit dem Unrechtsausschluss spiegelbildlich wieder".

tiert dann auch nicht von der (Straf-)Freistellung einer solchen (jedoch von ihm nicht getroffenen) Entscheidung zugunsten eines Eingehens auf die dargebotene Chance; die Norm bleibt demzufolge gültig, der Täter ungerechtfertigt".[79]

Sicherlich gibt es zu Einzelfragen divergierende Positionen wie beispielsweise über die Notwendigkeit eines Willenselements – jenseits des intellektuellen Elements –, über seine Bedeutung bei der Rechtfertigung fahrlässiger Verhaltensweisen[80] oder über die Rechtsfolgen beim Fehlen subjektiver Merkmale.[81] Auf diese unterschiedlichen Auffassungen soll hier jedoch nicht eingegangen werden. Vielmehr beschränken sich die folgenden Ausführungen auf die Frage, ob sich die Angleichung der Rechtswidrigkeit an die Tatbestandsmäßigkeit, die von der herrschenden Meinung vertreten wird, auf eine künftige Gestaltung der Rechtswidrigkeit auswirken sollte.

Das Abheben auf die subjektive Komponente bei den Rechtsfolgen gerät zunächst in Widerspruch zur wachsenden Tendenz, „das Strafrecht am Rechtsgüterschutz statt am Schutz vor Gesinnungswerten zu orientieren."[82] Aus dieser Perspektive scheint der methodologische „Vorrang der objektiv drohenden Gefahr gegenüber der subjektiven Einstellung" dazu gegen ein solches Abhe-

79 *Hoyer*, Strafrechtsdogmatik, 1997, S. 399.

80 Siehe etwa *Frisch*, FS für Lackner, 1987, S. 130 ff. Anderer Ansicht *Rath*, Das subjektive Rechtfertigungselement, 2002, S. 319 f.: „Steht aber das Fahrlässigkeitsunrecht [...] in der Kategorie der Subjektivität, so vermag auch die Rechtfertigung fahrlässiger Deliktsbegehung – die (Wieder-)Herstellung rechtlicher Verhältnisse – keine Ebene mehr darzustellen, in welcher subjektive Elemente entbehrlich sein können; sie ist keine gleichsam 'naturhafte' Kategorie, inhaltsbestimmbar jenseits des konkret-taktualen Vollzugs aus Subjektivität".

81 So etwa *Trapero Barreales*, Los elementos subjetivos, 2000, S. 327 ff., nach dessen Auffassung die Verwirklichung des tatbestandsmäßigen Verhaltens „in Unkenntnis des Vorliegens der objektiven Rechtfertigungslage bedeutet, ein für das Rechtsgut entsprechend gefährliches Verhalten wie beim untauglichen Versuch zu verwirklichen"; *Günther*, Strafrechtswidrigkeit und Strafunrechtsausschluss, 1983, S. 244, 377; *Huerta Tocildo*, Sobre el contenido de la antijuridicidad, 1984, S. 84, 121 ff.; *Rudolphi*, GS für Armin Kaufmann, 1989, S. 372; *ders.*, in: Grundfragen des modernen Strafrechtssystems, 1984, S. 82: „Wenn der Vorsatz des Täters sich zwar auf die rechtlich mißbilligte Gefährlichkeit, nicht aber zugleich auf ihre höher zu bewertende Rettungseignung erstreckt [...], hat der Täter nämlich das allein aus einem (vorsätzlichen) Intentionsunwert bestehende Handlungsunrecht des untauglichen Versuchs verwirklicht"; *Sch / Sch / Lenckner / Perron*, § 34 Rn. 48. Dagegen siehe etwa *Gil Gil*, La ausencia del elemento subjetivo de justificación, 2002, S. 144 ff.; *Gómez Benítez*, El ejercicio legítimo del cargo, 1980 S. 175: „Das Vorhandensein der objektiven Situation der Rechtfertigung ist strafrechtlich irrelevant, wenn der Täter von ihr keine Kenntnis hat".

82 *Alcácer Guirao*, La tentativa inidónea, 2000, S. 389 f. Ebenso siehe *Hoyer*, Strafrechtsdogmatik, 1997, S. 387 ff.

ben auf das subjektive Rechtsfertigungselement sowohl *de lege lata* als auch *ferenda* zu sprechen.[83] Die Verlagerung vom subjektiven hin zum objektiven Blickwinkel beim Unrecht spricht dagegen, die subjektive Seite auf der Gesetzesebene normativ aufzuwerten.[84] Darüber hinaus ist zu bedenken, dass die spezifische kriminalpolitische Funktion der Rechtswidrigkeit vernachlässigt wird, wenn sie sich darauf verkürzt, einen Ausgleich für das tatbestandsmäßige Unrecht herbeizuführen.[85] Es geht um die Entscheidung von sozialen Konflikten in komplexen Zusammenhängen. In diesem Sinn entspricht es dem *ultima ratio*-Grundsatz, beispielsweise auch bei einem auf subjektiver Seite nicht vollständigen Unrechtsausschluss bereits zu einer Rechtfertigung zu gelangen, wenn jedenfalls die objektiven Voraussetzungen dafür vorliegen[86].

Aus den dargelegten Gründen ist dem Gesetzgeber zu empfehlen, die Entscheidung für die eine oder die andere Position im Gesetz offenzulassen und sich zur Bedeutung des subjektiven Rechtfertigungselements noch nicht festzulegen. Das heißt, Formulierungen wie „angetrieben von" („impulsado por"), „um zu vermeiden" („para evitar"), die im geltenden Art. 20.5 des spanStGB enthalten sind, sollten vermieden werden, weil sie die Rechtsanwendung unnötig mit wissenschaftlich noch ungeklärten Fragen belasten.[87] Dagegen sind offene Formulierungen, wie sie mit der Präposition „in" zum Ausdruck gebracht werden, vorzugswürdig.[88] Die kriminalpolitische Funktion einer Kategorie wie der Rechtswidrigkeit, die auf größte Flexibilität angewiesen ist,[89] lässt es angezeigt erscheinen, sie mit möglichst allgemeinen Merkmalen zu ge-

---

83 *Alcácer Guirao*, La tentativa inidónea, 2000, S. 389 f. Ähnlich *Sanz Morán*, Elementos subjetivos de justificación, 1993, S. 10, unter Hinweis auf den Vorrang des „objektiv-finalen Aspekts (der Gefährlichkeit der Handlung für das Rechtsgut) gegenüber dem subjektiven". Dagegen *Gil Gil*, RDPC 2005/15, 98 ff., 133 ff.

84 Vgl. *Roxin*, ZStW 116 (2004), 930 ff.

85 Vgl. *Roxin*, Kriminalpolitik und Strafrechtssystem, 1973, S. 24 ff.

86 So etwa *Carbonell Mateu*, Estudios en memoria de Valle Muñiz, 2001, S. 123 f., 131. Bezüglich der fahrlässigen Verhaltensweisen *Trapero Barreales*, Los elementos subjetivos, 2000, S. 486. Im selben Sinne auch *Valle Muñiz*, El elemento subjetivo de justificación, 1994, S. 124 ff. Dagegen *Cerezo Mir*, PG II, S. 200. Ebenso siehe *Frisch*, FS für Lackner, 1987, S. 131.

87 Vgl. *Luzón Peña*, PG, S. 627 f.

88 Vgl. *Gil Gil*, La ausencia del elemento subjetivo de justificación, 2002, S. 36 f.; *Luzón Peña*, PG, S. 580; *ders.*, Aspectos esenciales de la legítima defensa, 2002, S. 550; *Sanz Morán*, Elementos subjetivos de justificación, 1993, S. 99; *Trapero Barreales*, Los elementos subjetivos, 2000, S. 106 ff., 123 f., 127 ff., 132 ff., 217 f. Dagegen *Cerezo Mir*, PG, S. 198 f.; *Gimbernat Ordeig*, in: Rechtfertigung und Entschuldigung, 1991, S. 71 f.

89 *Roxin*, Kriminalpolitik und Strafrechtssystem, 1973, S. 24 ff.

stalten und sie nicht an einer bestimmten Position zu den subjektiven Elementen der Rechtswidrigkeit auszurichten.

Zu der den subjektiven Merkmalen innewohnenden Problematik, insbesondere dazu, dass deren Inhalt uns in die „tiefgeheime und verborgene [Welt] der menschlichen Seele“ zurückführt,[90] und zu den davon ausgelösten Friktionen mit dem Bestimmtheitsgebot habe ich mich bereits geäußert.[91] Dem ist nur noch hinzuzufügen, dass die Rechtfertigungsgründe ihre Wirkung auf Kosten genau der fremden Rechtsgüter entfalten, die vom Tatbestand geschützt werden sollen. Daher erscheint es unter dem Aspekt des Gesetzlichkeitsgrundsatzes geboten, dies bei der normativen Ausgestaltung der Rechtfertigungsgründe zu berücksichtigen.

---

90 Vgl. STS 29.1.1992.

91 Ebenso siehe *Nieto Martín*, El conocimiento del Derecho, 1999, S. 45 ff., 58.

D. Schuld

I. Über den Sinn – oder Unsinn – des Art. 4.3 spanStGB: Einführung

Anders als die Beziehung zwischen einer Norm und einem Verhalten stellt sich die Schuld eher als eine besonders veränderliche Größe dar. Während der Tatbestand eines Tötungs- oder Vergewaltigungsdelikts es erlaubt, beispielsweise ein Verhalten unter dem Blickwinkel der entsprechenden Artikel des StGB als rechtswidrig zu bezeichnen,[1] ist die Kategorie der Schuld sehr viel stärkeren Schwankungen unterworfen. Bei ihr geht es um die Frage, „ob und inwieweit ein grundsätzlich mit Strafe bedrohtes Verhalten bei irregulären persönlichkeits- oder situationsbedingten Umständen noch der Strafsanktion bedarf", wozu „spezial- und generalpräventive Erwägungen in die dogmatische Arbeit einzubeziehen" sind.[2]

Diese Anmerkung zeigt bereits, dass sich die Schuldfrage nicht darin erschöpft festzustellen, ob die im Gesetz aufgeführten Voraussetzungen – etwa – der Schuldunfähigkeit wegen seelischer Störungen vorliegen. Es geht vielmehr auch um spezial- und generalpräventive Belange. Dass derartige Belange mitberücksichtigt werden sollen, widerspricht aber einer ausdrücklichen gesetzgeberischen Entscheidung im Allgemeinen Teil des spanStGB. Soll nämlich laut Art. 4.3 spanStGB die Vollstreckung des Urteils durchgesetzt werden, auch „wenn die strikte Anwendung der Bestimmungen des Gesetzes zur Bestrafung einer Handlung oder Unterlassung führt, die nach Auffassung des Richters oder Gerichts nicht strafbar sein sollte, oder wenn die Strafe unter Berücksichtigung des durch die Straftat verursachten Übels und der persönlichen Umstände des Angeklagten als offensichtlich zu hoch erscheint", so wird die

---

1 Vgl. *Roxin*, Kriminalpolitik und Strafrechtssystem, 1973, S. 24 ff.

2 *Roxin*, Kriminalpolitik und Strafrechtssystem, 1973, S. 15 f. Ebenso siehe *Achenbach*, in: Grundfragen des modernen Strafrechtssystems, 1984, S. 139 ff.; *Gimbernat Ordeig*, Estudios de Derecho penal, 1990, S. 151 ff.; *Hoyer*, Strafrechtsdogmatik, 1997, S. 90 ff., 119 ff., 403; *Varona Gómez*, RDPC 2001/7, 142, der darauf hinweist, dass es diese Debatte über die Zwecke der Strafe ist, die „erklären und dazu dienen muss zu begründen, wann und aus welchen Gründen ein Bürger [...] von der Strafe für eine konkrete Handlung befreit werden soll". Kritisch, unter Hinweis auf die Auswirkungen der Strafzwecklehre auf die verschiedenen Stufen der Verbrechenslehre *Muñoz Conde*, Introducción, S. 12. Ebenso siehe *Bartoli*, Colpevolezza, 2005, S. 86 ff.; *Schünemann*, in: Grundfragen des modernen Strafrechtssystems, 1984, S. 168 ff.; *ders.*, ADPCP 1991, S. 710 ff.

rechtsdogmatische Gestaltung des Schuldurteils übersehen.[3] Mit anderen Worten: Indem spezial- und generalpräventive Erwägungen bei der Festsetzung der Schuld mit einzubeziehen sind, wird es möglich, Umstände zu würdigen wie etwa das durch die Straftat verursachte Übel, die persönlichen Umstände des Angeklagten, z.B. seinen Resozialisierungsgrad,[4] sowie eine allmähliche Auflösung der generalpräventiven Strafbedürfnisse im Laufe der Zeit.[5] Ob namentlich die Voraussetzungen für einen entschuldigenden Notstand vorliegen, lässt sich ohne Blick auf „das durch die Straftat verursachte Übel" auch gar nicht beurteilen; denn bei dieser systematischen Kategorie geht es – auch – darum, ob ein Verhalten Strafe verdient, und bei dieser Frage können Faktoren wie das durch die Straftat verursachte Übel oder die persönlichen Umstände des Angeklagten nicht ausgeblendet werden.

Möglicherweise ging es dem Gesetzgeber in Art. 4.3 des spanStGB darum, an dieser Stelle die generalpräventive Ausrichtung des Gesetzes noch weiter zu verstärken, indem er die teleologische Rationalität des spanStGB durch sein ausgeprägte Übermaß in spezial- und generalpräventiver Hinsicht noch etwas mehr beanspruchte: sollten bei der Bestimmung der Strafe nicht Aspekte wie die angegebenen berücksichtigt, wohl aber Freiheitsstrafen von bis zu fünf Jahren ausgesetzt werden – wie es in Art. 87.5 des besagten Textes vorgeschrieben ist? Möglicherweise wollte der Gesetzgeber aber mit der Einführung des Art. 4.3 auch gar nicht den Boden des überkommenen psychologischen

---

3 Kritisch *Quintero Olivares / Morales Prats*, Comentarios al nuevo Código penal, 2005, S. 62 f.; *Rodríguez Mourullo*, Comentarios, 1999, S. 138 f. Ebenso siehe *Cortés Bechiarelli*, Comentarios al Código penal, 1999, S. 106 ff.; *de la Cuesta Aguado*, Culpabilidad, 2003, S. 133 ff., die seine Reichweite relativiert; zu seinem historischen Hintergrund *Madrid Conesa*, La legalidad del delito, 1983, S. 72 ff.

4 So etwa STS 9.12.2002, in dem unter anderem auf die Möglichkeit hingewiesen wird, dass sich der Täter in eine „ganz andere [Person] als die, welche die [Straftat] beging", verwandelt haben könnte. In diesem Sinne weist *Rodríguez Mourullo*, Comentarios, 1999, S. 162, darauf hin, dass die Ersetzung des Ausdrucks „Grad der Böswilligkeit" durch „persönliche Umstände des Angeklagten" in der gegenwärtigen Gesetzesfassung „der Begehung der Tat nachfolgenden [Umständen]" rechtliche Bedeutung verschafft.

5 So etwa STS 9.12.2002 unter Hinweis auf die Abschwächung der „Missbilligungsgefühle, welche die Taten seinerzeit hervorriefen". Zuletzt ebenso STS 19.7.2005, wo darauf hingewiesen wird, dass „die Grundrechtsverletzung, die durch die rechtswidrige Prozessverschleppung begangen wurde, zum Zwecke der Wiedergutmachung als teilweise Verbüßung der Tatschuld bewertet werden muss". Allgemein siehe auch Boldova Pasamar, in: Tratado de las consecuencias jurídicas del delito, 2006, S. 403: „Die Zeit bewirkt, dass die Gesellschaft die Tat langsam vergisst"; Luzón Peña, in: Causas de justificación, 1995, S. 204 ff. Vgl. aber auch *Roxin*, Kriminalpolitik und Strafrechtssystem, 1973, S. 33 ff., 47 f.

Schuldbegriffs verlassen.[6] Jedenfalls kümmert sich die gegenwärtige rechtsdogmatische Diskussion herzlich wenig um den Wortlaut des Art. 4.3 spanStGB, wenn sie ihn überhaupt berücksichtigt.

Vor kurzem wurde uns wieder einmal ins Gedächtnis gerufen, dass es der Gesetzgeber und nicht der Strafrechtswissenschaftler ist, der den essenziellen Inhalt des Rechts zu bestimmen hat.[7] Trotzdem beweisen uns Art. 4.3 spanStGB und andere Vorschriften, dass die bloße Gesetzgebung, das Schaffen von Gesetzen, nicht ausreicht, um den wesentlichen Inhalt eines Rechtsrahmens festzulegen.[8] Letzteres erfordert noch etwas mehr: gelungene Rechtsetzung. Dazu hätte der Gesetzgeber, wenn er die Vollstreckbarkeit der Urteile betonen wollte, einfach auf den letzten Halbsatz des Art. 4.3 spanStGB verzichten müssen: „Ebenso ist der Regierung, unbeschadet der alsbaldigen Vollstreckung des Urteils, Vorlage bezüglich der Aufhebung oder Änderung der Vorschrift oder der Begnadigung zu machen, wenn die strikte Anwendung der Bestimmungen des Gesetzes zur Bestrafung einer Handlung oder Unterlassung führt, die nach Auffassung des Richters oder Gerichts nicht strafbar sein sollte, oder wenn die Strafe [...] als offensichtlich zu hoch erscheint." Falls er im Gegenteil die Auswirkung des generalpräventiven Diskurses einschränken möchte, hätte es ausgereicht dies anzuordnen: „Die Strafe darf das Maß der Schuld nicht übersteigen".[9] Letztlich ist es die Aufgabe des Gesetzgebers, den wesentlichen Inhalt des Rechts zu bestimmen. Allerdings zeigt Art. 4.3 des spanStGB, dass sich die Gesetzgebungstechnik nicht gegenüber rechtsdogmatischen Erkenntnissen verschließen darf. Soll Gesetzgebung sich nicht in bloßer Symbolpolitik erschöpfen[10] oder auf dem Erkenntnisstand zu Beginn des 19. Jahrhunderts verharren, so erfordert jegliche gesetzgeberische Entscheidung auch auf Schuldebene – wie auf den beiden vorangegangenen Ebenen im Deliktsaufbau –, dass ihr ein wissenschaftlicher Reifungsprozess vorangegangen ist.[11]

6 Vgl. *Cerezo Mir*, PG III, S. 22 ff.

7 *Vogel*, FS für Roxin, 2001, S. 112 ff.

8 *Vogel*, FS für Roxin, 2001, S. 115.

9 Wie in der im E 1959 vorgeschlagenen Vorschrift des § 2 Satz 2, vgl. Schünemann, in: Grundfragen des modernen Strafrechtssystems, 1984, S. 155 Fn. 4.

10 Vgl. *Díez Ripollés*, AP 2001, Rn. 5.

11 Vgl. *Cerezo Mir*, PG I, S. 89; *Hirsch*, La posición de la justificación, 1996, S. 53; *Silva Sánchez*, RDPC 2002/9, 9 f.; *Vogel*, FS für Roxin, 2001, S. 112 ff.

II. Schuldausschließungs- und Entschuldigungsgründe

In seiner programmatischen Schrift „Kriminalpolitik und Strafrechtssystem" charakterisiert *Roxin* die Schuld als eine Kategorie, die „es in Wahrheit weniger mit der empirisch schwer verifizierbaren Ermittlung des Andershandelnkönnens als mit der normativen Frage zu tun [hat], ob und inwieweit ein grundsätzlich mit Strafe bedrohtes Verhalten bei irregulären persönlichkeits- oder situationsbedingten Umständen noch der Strafsanktion bedarf".[12] Damit übereinstimmend wird die Schuld einige Jahre später von *Jakobs* in folgenden Begriffen beschrieben: „Die Ermittlung von Schuld bei Anwendung des geltenden Strafrechts besteht in der Begründung des Bedürfnisses, zur Bestätigung der Verbindlichkeit der Ordnung gegenüber dem rechtstreuen Bürger in bestimmtem Maß zu strafen; Schuld wird durch die Generalprävention begründet [...] und wird nach dieser Prävention bemessen".[13] Nach diesem Verständnis soll das Recht stabilisiert werden, indem eine Schuld zugeschrieben wird, in welcher der Zweckgedanke – die kontrafaktische Behauptung der Norm – den Inhalt des Vorwurfs bestimmt.[14]

Diese Ausrichtung der Schuld auf präventive Gründe wird auch bei der Prüfung der einzelnen Schuldkomponenten deutlich. So soll es beispielsweise in

---

12 *Roxin*, Kriminalpolitik und Strafrechtssystems, 2 Aufl., 1973, S. 15, der auch darauf hinweist, dass „zu ihrer Beantwortung [...] die strafbegrenzende Funktion des Schuldprinzips ebenso wie spezial- und generalpräventive Erwägungen in die dogmatische Arbeit einzubeziehen sind"; zuletzt siehe *ders.*, FS für Lampe, 2003, S. 428, 432 ff. Ebenso siehe Amelung, in: Grundfragen des modernen Strafrechtssystems, 1984, S. 98 ff., der auf die Bedeutung der Maßregeln hinweist. Dagegen *Jakobs*, Schuld und Prävention, 1976, S. 32: „Der Zweck, der in die Schuld eingeht, kann durch Schuld nicht limitiert werden, und die Schuld, in die der Zweck eingegangen ist, begründet Strafe". Anders siehe auch *Couso Salas*, Fundamentos del Derecho penal de la culpabilidad, 2006, S. 441: Der Schuld bedarf es „als Bedingung der Legitimität der Aufopferung der Freiheit eines Individuums, um die Ernsthaftigkeit der Strafandrohung zu bestätigen". Ebenso siehe *Hirsch*, La posición de la justificación, 1996, S. 44 ff.

13 *Jakobs*, Schuld und Prävention, 1976, S. 8 f., 33: „Die Grenze, die durch eine vom generalpräventiven Zweck bestimmte Schuld gesetzt wird, verläuft also nicht da, wo sie nach Meinung der 'guten Bürger' als der Adressaten von Schuld und Schuldstrafe laufen müsste, sondern wo sie laufen muss, um Normvertrauen zu erhalten. Es geht nicht um das, was der Delinquent nach allgemeiner Meinung 'verdient' hat, sondern um das zur Erhaltung des Vertrauens Notwendige". *Kritisch Bartoli*, Colpevolezza, 2005, S. 44 ff.; *Cerezo Mir*, ZStW 108 (1996), 13 f.; *Kindhäuser*, ZStW 107 (1995), 708 f., unter Anführung möglicher Mängel an Legitimität; *Pérez Manzano*, Culpabilidad y prevención, 1990, 168 ff., 253 ff., 284 ff.; *Schünemann*, in: Grundfragen des modernen Strafrechtssystems, 1984, S. 170 ff.; *Vives Antón*, Homenaje a Cerezo Mir, 2002, S. 229 ff.

14 *Jakobs*, Schuld und Prävention, 1976, S. 14: „Nur der Zweck gibt dem Schuldbegriff Inhalt"; ebenso siehe *ders.*, Das Schuldprinzip, 1993, S. 24 ff.; *ders.*, AT, 17/18 ff. Insoweit ebenso *Hoyer*, Strafrechtsdogmatik, 1997, S. 119 ff.

den Fällen von seelischer Störung – Art. 20.1 spanStGB – nicht mehr darum gehen festzulegen, ob der Täter in einer konkreten Situation rechtmäßig – also anders – handeln konnte.[15] Es wird stattdessen argumentiert, dass „die Strafe dort weder aus dem Blickwinkel der Spezialprävention noch dem der Generalprävention sinnvoll ist. Aufgrund der geringen oder gehaltlosen 'Motivierbarkeit' des 'Unzurechnungsfähigen' bedeutet die Strafe für ihn *ex ante* keinen ernsten Hemmfaktor; und *ex post* ist nach bereits begangener Tat die geeignetste Methode für seine Resozialisierung nicht die Strafe, sondern die ärztliche Behandlung. Auf der anderen Seite und unter dem Gesichtpunkt der Generalprävention relativiert die Straflosigkeit des Wahnsinnigen in keiner Weise die hemmende Wirksamkeit der Strafe gegenüber den 'Zurechnungsfähigen'; diese identifizieren sich nicht mit jenem, sie sind sich ihrer Andersartigkeit bewusst und wissen daher auch, dass sie sehr wohl bestraft werden, wenn sie das Gleiche tun wie der unzurechnungsfähige Straftäter"[16].

De lege lata soll aber eine Reduktion der Schuldprüfung auf solche general- und spezialpräventiven Kategorien die Zuschreibung von Verantwortlichkeit auf unangemessene Weise vereinfachen.[17] Insbesondere, wenn man die aktuellen Tendenzen der Kriminalpolitik berücksichtigt,[18] bergen solche Formulie-

15 Vgl. etwa *Cerezo Mir*, PG III, S. 51 f.

16 *Gimbernat Ordeig*, Estudios de Derecho penal, 1990, S. 176 f. Ähnlich Roxin, Kriminalpolitik und Strafrechtssystem, 1973, S. 33: „Wenn jemand [...] das von ihm verwirklichte tatbestandliche Unrecht nicht vermeiden konnte, ist eine Bestrafung vom Standpunkt jeder nur denkbaren Straftheorie aus schlechthin zwecklos: Man kann eine fehlende Schuld nicht vergelten wollen; die Allgemeinheit von der Herbeiführung unvermeidbarer Folgen abschrecken zu wollen, hat keinen Sinn; und eine spezialpräventive Einwirkung auf einen Menschen, dem man sein Verhalten nicht vorwerfen kann, ist entweder unnötig oder, wie bei Geisteskranken, durch das Mittel der Strafe nicht zu erreichen". Kritisch dazu *Muñoz Conde*, GA 1978, 70: „die Frage der Verantwortlichkeit des geistig Kranken [ist] nur mit präventiven Argumenten nicht beantwortbar: dabei spielen psychologische und psychiatrische Einsichten eine Rolle, die die kriminalpolitische Entscheidung erst erklären". Ebenso siehe *Cerezo Mir*, PG III, S. 57 ff.; *Stratenwerth*, El futuro del principio de culpabilidad, 1980, S. 119 ff.; *Urruela Mora*, Imputabilidad penal, 2004, S. 87 ff.

17 Dagegen *Jakobs*, ZStW 107 (1995), 849 f., der eine „Selbstbeschreibung der Gesellschaft" darin erkennt, wen sie aus präventiven Gründen bestrafen zu müssen glaubt.

18 Vgl. *Silva Sánchez*, La expansión del Derecho penal, 2001, S. 59 f. Ebenso siehe *ders.*, Aproximación al Derecho penal contemporáneo, 1992, S. 236., unter Hinweis auf die „radikalen Unterschiede zwischen den individuellen Garantien und den gesellschaftlichen Interessen, denen jegliche Präventionsdoktrin dient". Kritisch, auch *Bartoli*, Colpevolezza, 2005, S. 44 ff., 79 ff., 109; *Hirsch*, ZStW 106 (1994), 753, für den dieses Modell „stattdessen die materielle Gerechtigkeit der positiven Generalprävention unterordnet"; *Prats Canuts*, Estudios en memoria de Valle Muñiz, 2001, S. 627, der darauf hinweist, dass das Strafrecht einen „kritischen und aufgeklärten Filter gegenüber

rungen bedeutende Risiken. Dieser präventive Ansatz droht nämlich dazu missbraucht zu werden, um gegenüber bestimmten gesellschaftlichen Gruppen zu einer Bestrafung zu gelangen, weil man ihnen Schuldausschließungsgründe nicht mehr länger zubilligen will. Zu denken ist dabei an Minderjährige und psychisch Kranke, mit denen keinerlei Identifizierung droht und auf deren Defizite man dennoch nicht bereit ist, mit einer darauf abgestimmten Rechtsfolge zu reagieren.[19]

Konsequent zu Ende gedacht, kann die Präventionslogik tatsächlich Argumente für eine Bestrafung etwa von psychisch Kranken liefern. Dieses Verständnis soll aber unter anderem in Widerspruch zu dem verfassungsrechtlichen Verbot unmenschlicher Strafen (Art. 15 spanische Verfassung) stehen.[20] Auch die Achtung der Menschenwürde verbietet es, den Staatsbürger „um des Bestands der Rechtsordnung willen [...] auf ein bloßes Objekt der Verbrechensbekämpfung unter Verletzung seines verfassungsrechtlich geschützten sozialen Wert- und Achtungsanspruchs"[21] zu reduzieren, wobei der Menschenwürde eine „legitimierende Funktion im Bereich der Sanktionierungsbefugnis als Basis und Grenze derselben zufällt".[22] Genau wie die Rechtfertigungs- können auch die Schuldausschließungsgründe nicht nach beliebigen, mehr oder weniger utilitaristischen Erwägungen und Prioritätensetzungen konzipiert werden. Dies ließe sich auch nicht mit der verfassungsrechtlichen Wertordnung unserer Gesellschaft vereinbaren.[23] Deshalb sind Aussagen wie

---

den häufig irrationalen und unverhältnismäßigen Strafforderungen, die aus dem Innern der Gesellschaft erwachsen", bilden muss.

19 A.a.O.

20 Vgl. *Torío López*, Estudios en honor de Pérez Vitoria, 1983, S. 968. Ebenso siehe *Jarass*, GG, Art. 1 Rn. 14; *Rodríguez Mourullo*, Comentarios a la Constitución, 1997, S. 290 ff. Zum Gleichheitsgrundsatz siehe auch Mir Puig, Studi in onore di Giorgio Marinucci, 2006, S. 468.

21 BVerfGE 28/30, S. 391; STC 2.11.2004, mit weiteren Nachweisen. Ebenso BVerfGE 7/28, S. 205, in dem darauf hingewiesen wird: „dass das Grundgesetz, das keine wertneutrale Ordnung sein will [...], in seinem Grundrechtsabschnitt auch eine objektive Wertordnung aufgerichtet hat und dass gerade hierin eine prinzipielle Verstärkung der Geltungskraft der Grundrechte zum Ausdruck kommt [...] Dieses Wertsystem, das seinen Mittelpunkt in der innerhalb der sozialen Gemeinschaft sich frei entfaltenden menschlichen Persönlichkeit und ihrer Würde findet, muss als verfassungsrechtliche Grundentscheidung für alle Bereiche des Rechts gelten; Gesetzgebung, Verwaltung und Rechtsprechung empfangen von ihm Richtlinien und Impulse".

22 *Ruiz-Giménez Cortés*, Comentarios a la Constitución, 1997, S. 58. Ebenso vgl. *Jarass*, GG, Art. 1 Rn. 2 f.

23 Vgl. *Pawlik*, Der rechtfertigende Notstand, 2002.

etwa: „Schuld wird durch Generalprävention begründet [...] und gemäß derselben abgestuft“[24] bereits als normative Beschreibung unzureichend.

Dagegen soll ein Schuldverständnis, das auf die individuelle Vermeidbarkeit eines Normbruchs abhebt, eine Sicherung gegen die Gefahr generalpräventiven Denkens bieten.[25] Es entspricht auch dem verfassungsrechtlichen Menschenbild, das von Rationalität, Subjektivität und Autonomie geprägt ist.[26] In diesem Sinne wird zum Beispiel behauptet: „Die ausschlaggebende Frage für eine Rechtsordnung lautet also nicht, ob es Willensfreiheit wirklich gibt, sondern entscheidend ist, welche Vorstellung in einer Gesellschaft von dem Weltbild herrscht, nach dem man in ihr lebt“.[27] Schuld zu einem bloßen Derivat der Generalprävention zu verkürzen, heißt zudem, sie von ihrem Legitimierungsursprung und ihren Adressaten zu lösen.[28] Dagegen wird eingewendet, dass der

---

24 *Jakobs*, Schuld und Prävention, 1976, S. 8 f.

25 Vgl. *Melendo Pardos*, El concepto material de culpabilidad, 2002, S. 497 ff., 529 f., 609 ff. Ebenso siehe *Bartoli*, Colpevolezza, 2005, S. 25 ff., 71 ff., 125 ff.; *Couso Salas*, Fundamentos del Derecho penal de la culpabilidad, 2006, S. 444 ff.; *Roxin*, FS für Lampe, 2003, S. 428 f.; *Silva Sánchez*, Aproximación al Derecho penal contemporáneo, 1992, S. 236, der auf diese „im Verfassungsprogramm eingebetteten rationalen Grundsätze und Garantien“ hinweist; Urruela Mora, Imputabilidad penal, 2004, S. 53. Zur Kontinuität dieses Gedankens in unserem Rechtsrahmen im Verlauf der letzten vier Jahrhunderte, anschaulich *Martínez Garay*, RDPC 2001/8, 41 ff.

26 *Hirsch*, ZStW 106 (1994), 763: „Das vom Menschen gesetzte Recht kann sich nicht zu dem gelebten allgemeinen Selbstverständnis seiner Adressaten in Widerspruch setzen“. Ebenso siehe *Bartoli*, Colpevolezza, 2005, S. 71 f.; *Mir Puig*, Studi in onore di Giorgio Marinucci, 2006, S. 467 ff.; *Schünemann*, in: Grundfragen des modernen Strafrechtssystems, 1984, S. 163 ff.; *Vives Antón*, Homenaje a Cerezo Mir, 2002, S. 229 ff. Dagegen in Bezug auf die kommunikationsstrukturelle Vorgegebenheit siehe aber auch *Hoyer*, Strafrechtsdogmatik, 1997, S. 118 f.

27 A.a.O.

28 Vgl. Etwa *Couso Salas*, Fundamentos del Derecho penal de la culpabilidad, 2006, S. 263 ff., 400 ff.; de la *Cuesta Aguado*, Culpabilidad, 2003, S. 148 f., für den „die Grundlage der Schuld und der Forderung nach strafrechtlicher Verantwortlichkeit [...] in einem auf Konsens beruhenden Willensakt [zu finden ist]. Es ist ein kollektiver Entscheidungsakt, mit dem die Bedingungen, Voraussetzungen und Formen des Forderns strafrechtlicher Verantwortlichkeit festgelegt werden“; *Günther*, Schuld und kommunikative Freiheit, 2004, S. 253: „Sowohl die legitime Geltung von Normen als auch die Pflicht zur Befolgung dieser Normen werden davon abhängig gemacht, dass die Person sich kritisch gegenüber (eigenen und fremden) Äußerungen und Handlungen verhalten kann [...] Die Legitimität der Rechtsnormen hängt von rechtsförmig institutionalisierten Verfahren ab, in denen Staatsbürger kritisch zu Normvorschlägen Stellung nehmen können“; *Kindhäuser*, ZStW 107 (1995), 725 ff. In Bezug auf die strafrechtliche Verantwortlichkeit juristischer Personen *Gómez-Jara Díez*, La culpabilidad penal en la empresa, 2005, S. 286 ff., 295, der die persönliche Zurechnung zu diesen Unternehmen auf die Tatsache stützt, „dass sie [...] am Entstehungsprozess von gesellschaftlichen und rechtlichen Normen, an der gemeinschaftlichen Sinnstiftung beteiligt sind“. Zuvor sie-

„herkömmliche Schuldbegriff unhaltbar ist, da die Prämissen, von denen er ausgeht, nicht beweisbar sind: das Vorhandensein einer absoluten und bedingungslosen Freiheit des Menschen, anders zu handeln, als er es tatsächlich tut".[29] Die Schwierigkeit, die Willensfreiheit im Einzelfall nachzuweisen, wird aber auch relativiert. Maßgeblich soll höchstens sein, nach dem jeweiligen wissenschaftlichen Erkenntnisstand zu bewerten, ob vom Täter in der konkreten Tatsituation erwartet werden konnte, das rechtswidrige Verhalten zu vermeiden.[30] Die hier erst knapp beschriebene Diskussion lässt *de lege ferenda* Zurückhaltung angezeigt sein, eröffnet andererseits aber auch ein interessantes wissenschaftliches Betätigungsfeld.

In diesem Sinne scheint es unumgänglich, in zweifelhaften Fällen wie etwa Psychopathien oder Neurosen, bei denen von einem „dunklen Bereich oder Ungewissheit der Zurechnungsfähigkeit" die Rede ist,[31] spezial- und generalpräventive Erwägungen in das Schuldurteil einfließen zu lassen. Angesichts des Mangels an Gewissheit über die Willensfreiheit kommt den präventiven Erwägungen ein besonderes Gewicht zu. Sofern es aber Zweifel daran gibt, ob eine Strafe für rechtswidriges Verhalten präventiv zweckmäßig erscheint, erlangt das Schuldprinzip vorrangige Bedeutung. Beide Aspekte sind aufgrund ihres Prinzipiencharakters gegeneinander abzuwägen und erlauben dabei jeweils Graduierungen. Beispielhaft gesprochen:[32] Eine „seit dem Jahr 1990 heroin- und kokainsüchtige" Person begann, „Schulden bei ihren Heroinlieferanten zu machen, weil sie nicht genügend Geld hatte, um die von ihr konsumierten Drogen zu bezahlen. Sie konnte schließlich ihre Schulden nicht mehr begleichen. Daraufhin ergingen Morddrohungen sowohl an sie als auch ihre Töchter, die zudem entführt werden sollten". Wenn die Betroffene einwilligte, einen Dritten zu töten um ihre Schulden zu tilgen, kann die Schwere dieser Tat trotz der Drogenabhängigkeit der Täterin und des auf ihr lastenden Drucks kein Absehen von Strafe zulassen. Dies gilt sogar, wenn „feststeht, dass zu dieser Zeit der Bruder ihres Freundes [...], der ebenfalls süchtig war und Geld für Drogen schuldete, verschwand und bis heute nicht gefunden

---

he auch *Muñoz Conde*, GA 1978, 75 ff., über „die individuelle Motivation und die Teilhabe an den Rechtsgütern".

29 *Muñoz Conde*, in: Derecho penal y ciencias sociales, 1982, S. 163.

30 *Anders Hoyer*, Strafrechtsdogmatik, 1997, S. 114 ff.

31 Zuletzt *Urruela Mora*, Imputabilidad penal, 2004, S. 142 ff.

32 STS 17.5.2004.

wurde".[33] Handelt es sich hingegen nicht um Mord, sondern um „den Transport von Heroin nach Teneriffa",[34] erscheint das Verhängen einer Freiheitsstrafe von zwei Jahren und drei Monaten sowie einer Geldstrafe von 37.000 Euro überzogen.[35] Wenn in beiden Fällen von derselben Bedrohungssituation und derselben Möglichkeit, sich ihr zu entziehen (Flucht, Strafanzeige), ausgegangen wird, erzeugt der Unterschied zwischen den verübten Taten – über die Verschiedenheit der erfüllten Tatbestände hinaus – unterschiedliche Grade der Strafbedürftigkeit, die im konkreten Schuldurteil zu berücksichtigen sind: Was nicht entschuldigt zu werden vermag, wenn es zu einer Verletzung des Rechtsguts Leben kommt, verdient eine andere Bewertung, wenn das Rechtsgut der Volksgesundheit betroffen ist.[36] Dadurch fließen in das Schuldurteil unterschiedliche Aspekte ein wie etwa der Wert der betroffenen Rechtsgüter, der Grad der ihnen drohenden Gefahr sowie ein mangels Wiederholungsgefahr fehlendes Strafbedürfnis.

Die Legitimität dieser zweckrationalen Erwägungen ergibt sich zum einen aus einer Rechtsverfassung, die auf eine Maximierung von individueller Freiheit angelegt ist.[37] Zum anderen ist darauf zu verweisen, dass nach Art. 25.2 der span. Verfassung „Freiheitsstrafen und Maßregeln der Besserung und Sicherung der Umerziehung und Resozialisierung zu dienen haben".[38] Auch Grundsätze wie das *ultima ratio*-Prinzip[39] und andere strafrechtliche Rationalitätsmaßstäbe geben bedeutende Parameter für diese Diskussion ab.[40]

---

33 STS 17.5.2004: „Unter diesem Druck sah die Angeklagte keinen anderen Ausweg, als [die Taten] auszuführen, um zu vermeiden, dass sie bzw. ihre Töchter getötet oder entführt würden".

34 STS 17.5.2004.

35 A.a.O.

36 Denn genauso wie die Motivierbarkeit des Täters in der konkreten Situation „bereits durch den vorliegenden Unrechtstatbestand bestimmt ist, so dass für denselben Täter die Motivierbarkeit für zwei verschiedene Unrechtstatbestände unterschiedlich sein kann", *Couso Salas*, Fundamentos del Derecho penal de la culpabilidad, 2006, S. 312, unterscheiden sich auch die präventiven Gründe von dem einen zum anderen Sachverhalt. Ebenso siehe *Cerezo Mir*, ZStW 108 (1996), 23 f.

37 Zuletzt über die soziale Rationalität der Strafe siehe *Roxin*, FS für Lampe, 2003, S. 436.

38 Eingehend *Pérez Manzano*, Culpabilidad y prevención, 1990, 239 ff.

39 In diesem Sinne siehe zuletzt *Tamarit Sumalla*, RDPC 2006/17, 219.

40 Vgl. *Roxin*, Kriminalpolitik und Strafrechtssystem, 1973, S. 33 ff., 47 f., der auch darauf hinweist: „wenn man sich entschließt, strafbefreiende Umstände, die außerhalb der Strafzwecklehre liegen, anderen Kategorien wie den persönlichen Strafausschließungsgründen, objektiven Bedingungen der Strafbarkeit usw. zuzuweisen, besteht kein Bedürfnis, die Schuldlehre durch ein Konglomerat heterogener Topoi zu einer des einheitlichen Systemgedankens entbehrenden Auffangrubrik zu machen". Ebenso siehe

Die Ergebnisse dieses Diskurses lassen sich im Prinzip ohne weiteres für Überlegungen *de lege ferenda* nutzbar machen. Anders als auf der Tatbestands- und der Rechtswidrigkeitsebene müssen auf der Schuldstufe darüber hinaus auch „spezial- und generalpräventive Erwägungen [...] einbezogen werden“.[41] Das könnte, um ein erstes Beispiel anzuführen, durch die Einführung einer Klausel geschehen, welche die Voraussetzung dafür schafft, dass präventive Aspekte in den Schuldausschließungsgründen mitberücksichtigt werden können. In Betracht kommt etwa folgende Ergänzung von Art. 20.3 des spanStGB[42]: „Bei der Beurteilung der Schwere der Störung sind sowohl der Wert der verletzten Rechtsgüter als auch die vom Täter bei der Ausführung der Tat gezeigte Gefährlichkeit zu berücksichtigen“. Wenn den positiven generalpräventiven Erwägungen ein noch stärkeres Gewicht eingeräumt werden soll, kann das Merkmal „Wert der verletzten Rechtsgüter“ ersetzt werden durch die Formulierung „Tragweite der Tat“.[43] Denkbar ist auch eine Hervorhebung spezialpräventiver Aspekte im Gesetzestext, um ihre Bedeutung auf der Schuldebene kenntlich zu machen.[44] Wie wohl bereits zu bemerken war, ist jedoch jeder dieser Vorschläge äußerst fraglich.[45] Dies lässt sich am Beispiel von Art. 20.1 des spanStGB verdeutlichen, der wie folgt lautet: „Nicht strafrechtlich verantwortlich ist:

Bartoli, Colpevolezza, 2005, S. 86 ff.; *Melendo Pardos*, El concepto material de culpabilidad, 2002, S. 610 ff.; als „Hilfskriterien“ *Muñoz Conde*, GA 1978, 75 ff.; *Pérez Manzano*, Culpabilidad y prevención, 1990, 159 ff., 247 ff.; *Rudolphi*, in: Grundfragen des modernen Strafrechtssystems, 1984, S. 83 f.; *Schünemann*, in: Grundfragen des modernen Strafrechtssystems, 1984, S. 168 ff., 187, unter Hinweis auf die Notwendigkeit, „die Schuld durch die Generalprävention zu ergänzen und dementsprechend die Systematik des Allgemeinen Teils durch die Verbrechensstufe der Verantwortlichkeit zu erweitern“.

41 *Roxin*, Kriminalpolitik und Strafrechtssystem, 1973, S. 15 f.

42 Art. 20 spanStGB: „Nicht strafrechtlich verantwortlich ist:

3. Wer seit der Geburt oder Kindheit an Störungen der Wahrnehmungsfähigkeit leidet und daher ein erheblich gestörtes Bewusstsein von der Wirklichkeit hat“.

43 So behauptet beispielsweise *Luzón Peña*, in: Causas de justificación, 1995, S. 211: „dass [...] bei der Feststellung der Schuld allein die Generalprävention maßgeblich ist, [...] die nicht nur als positive oder integrative Prävention verstanden wird, sondern der Abschreckung der Allgemeinheit mit der zugehörigen (ausschließlich) präventiv-integrativen Konsequenz dient“.

44 Vgl. etwa *García Arán*, Fundamentos y aplicación de penas, 1997, S. 79 ff. Ebenso verweist auch *Pérez Manzano*, Culpabilidad y prevención, 1990, S. 290, darauf, dass bei der Strafzumessung „die Spezialprävention nicht außer Acht gelassen werden kann, im Einzelnen müssen die desozialisierenden Auswirkungen der Freiheitsstrafe und die günstige spezialpräventive Prognose des Täters“ berücksichtigt werden. Zuletzt siehe auch *Roxin*, FS für Lampe, 2003, S. 434.

45 Vgl. etwa *Cerezo Mir*, ADPCP 1980, 365; ders., PG III, S. 82 ff.

1. Wer zur Zeit der Begehung der strafbaren Handlung aufgrund einer psychischen Anomalie oder Störung nicht in der Lage ist, das Unrecht der Tat einzusehen oder nach dieser Einsicht zu handeln".[46]

Die hier skizzierten unterschiedlichen Auffassungen zur general- oder spezialpräventiven Ausrichtung der Schuldebene werfen zwei wesentliche Fragen auf. Erstens muss geklärt werden, ob die gesetzliche Festschreibung präventiver Elemente überhaupt zweckmäßig ist. Bejaht man diese Frage, ist zweitens zu beantworten, welche Form der Prävention auf welche Weise der Norm zugrunde gelegt werden soll. Beide Fragen sind aber auch durch eine lebhafte wissenschaftliche Auseinandersetzung bedingt.

Die kritischen Stellungnahmen zur ersten Frage zielen weniger darauf ab, spezial- und generalpräventive Erwägungen von der Schuldebene auszuschließen. Sie weisen vielmehr auf die Gefahr hin, dass die Schuld dabei „ihre Funktion als Obergrenze des Strafmaßes zu verlieren"[47] drohe. So wird eingeräumt, dass „bei der Gestaltung des Ausschließungsgrunds der seelischen Störung [...] in der Strafgesetzgebung und in der Auslegung durch Rechtslehre oder Rechtsprechung zweifellos generalpräventive Elemente zum Tragen kommen. Der spanische Oberste Gerichtshof hat beispielsweise nur äußerst selten diesen Schuldausschließungsgrund [...] in Fällen von Psychopathie (Urteil vom 27.2.1936) bejaht; und in Fällen einer vorübergehenden psychischen Störung wurde fast immer ein pathologischer Befund gefordert".[48] Nach dieser Auffassung geht es nur darum zu verhindern, dass die Generalprävention auf Kosten eines Täters erfolge, wenn ihm ein individueller Schuldvorwurf nicht gemacht werden könne.[49] Auch bezüglich „derjenigen psychischen Störungen, deren Auswirkungen auf die Zurechenbarkeit nach jetzigem Erkenntnisstand der Psychiatrie zweifelhaft erscheinen (dabei geht es vor allem um Persönlich-

---

46 Bei anderer Gelegenheit zum zweiten Paragraph und zur Problematik der actio libera in causa.

47 Vgl. etwa *Cerezo Mir*, PG II, S. 24.

48 *Cerezo Mir*, ADPCP 1980, 184.

49 Auch wenn *Couso Salas*, Fundamentos del Derecho penal de la culpabilidad, 2006, S. 538 f., zu Recht die Notwendigkeit der Rationalisierung solcher Inhalte hervorhebt. In diesem Sinne siehe bereits *Stratenwerth*, El futuro del principio de culpabilidad, 1980, S. 121. Ebenso siehe *García Arán*, ADPCP 1988, 90; *Muñoz Conde*, Estudios en memoria de Fernández-Albor, 1989, S. 528, dennoch unter Hinweis darauf, dass „eine präventive Begründung stets wenigstens eine gute Arbeitshypothese ist, welche die empirische Verifizierung erlaubt, also etwas, das per Definition auf eine absolute Begründung des Strafrechts verzichtet"; *Roxin*, AT I, S. 726: „Es sollen die präventiven Annahmen ermittelt werden, die dem Gesetz zugrunde liegen. Das eröffnet keine größeren Spielräume, als sie der Auslegung des geltenden Rechts und der Fortbildung der Strafrechtsdogmatik auch sonst zugebilligt werden".

keitsstörungen, Neurosen, Erregungs- und Affektzustände), bedarf es eines gewissen normativen Elements (wie beispielsweise des Begriffs „tiefgreifend" in § 20 des deutschen StGB), das der Rechtsprechung [nach präventiven Erwägungen] die notwendigen Auslegungsspielräume" eröffnet.[50]

Diese Feststellung, dass es präventiver Elemente auf der Schuldebene bedarf, gestattet es, – vorläufig – einige der Vorschriften des spanStGB positiv zu bewerten. Die graduelle Struktur der in Art. 20.1 des spanStGB enthaltenen Formulierung „nicht in der Lage ist, das Unrecht der Tat einzusehen oder nach dieser Einsicht zu handeln", ermöglicht es, bestimmte präventive Erwägungen zu berücksichtigen. So kann beispielsweise bei einer minder schweren Tat die Schuld ausgeschlossen werden, obwohl der Täter eigentlich noch zurechnungsfähig ist. Entgegen der Rechtsprechung muss auch nicht unbedingt auf verminderte Schuldfähigkeit erkannt werden, wenn der Täter zwar nicht unter einem akuten schizophrenen Schub litt, „die konkreten Tatumstände aber auf ein anomales Verhalten hindeuten, das auf diese Krankheit zurückgeführt werden kann".[51] So kann bei der Beurteilung der Frage, ob der Täter in der Lage war, „das Unrecht der Tat einzusehen oder nach dieser Einsicht zu handeln", nach der Schwere der Tat oder der persönlichen Situation des Handelnden differenziert werden. Schwieriger wird es allerdings, auf der Grundlage dieses Wortlauts auch weiteren kriminalpolitischen Aspekten Rechnung zu tragen, die keinen Bezug auf den Tatzeitpunkt nehmen.[52] Darüber hinaus steht er der restriktiven Auffassung der Rechtsprechung nicht zwingend entgegen.[53]

Entsprechendes gilt für Art. 20.3 des spanStGB, wenn zu bewerten ist, ob die Störung des Bewusstseins von der Wirklichkeit die notwendige Erheblichkeit aufweist. Indem der Gesetzgeber nicht allein auf die „Störungen der Wahrnehmungsfähigkeit" oder des „Bewusstseins von der Wirklichkeit" abstellt, sondern dafür eine besondere Erheblichkeit verlangt, ermöglicht er eine nor-

---

50 *Urruela Mora*, Imputabilidad penal, 2004, S. 215, der dazu bemerkt: „ohne deshalb auf die volle Bestätigung des Schuldprinzips zu verzichten". In Bezug auf die unüberwindbare Angst – Art. 20.6 spanStGB – räumt auch *Couso Salas*, Fundamentos del Derecho penal de la culpabilidad, 2006, S. 319, ein, „dass das 'Unüberwindbare' ein normatives, Korrektiv für das zu beurteilende Phänomen darstellt und die Nachweisschwierigkeiten des subjektiven Elements 'Angst' mindert"; ähnlich *Cuerda Arnau*, El miedo insuperable, 1997, S. 150. In Bezug auf den gesetzgeberischen Diskurs siehe unlängst *Roxin*, FS für Lampe, 2003, S. 430.

51 So aber STS 27.1.2004.

52 Vgl. etwa STS 13.5.2005; STS 5.3.2002.

53 Eingehend siehe *Urruela Mora*, Imputabilidad penal, 2004, S. 218 ff.; zu Persönlichkeitsstörungen insbesondere S. 323 ff. Zur jüngsten Entwicklung der Rechtsprechung siehe STS 25.3.2004.

mative Betrachtung jenseits der streng psychiatrischen oder psychologischen Kategorien. Denn ob eine Störung des Bewusstseins von der Wirklichkeit erheblich ist, kann je nach den Umständen des Einzelfalls unterschiedlich bewertet werden. Ein Störungsgrad, der bei einem Diebstahl als erheblich und damit schuldausschließend anerkannt werden muss, mag beispielsweise nicht ausreichend sein, wenn das Rechtsgut Leben betroffen ist. Während in Art. 20.1 des spanStGB nur der Zeitpunkt „der Begehung der strafbaren Handlung" maßgeblich ist, reicht Art. 20.3 weiter und verlangt, dass die Störung der Wahrnehmungsfähigkeit und des Bewusstseins von der Wirklichkeit „seit der Geburt oder Kindheit" erheblich ist. Dadurch wird es sogar möglich, Umstände in die Bewertung mit einzubeziehen, die schon lange vor dem Tatzeitpunkt vorlagen. Diese Überlegungen berühren jedoch bereits die zweite der oben aufgeworfenen Fragen.

Wie sich präventive Erwägungen auf Gesetzesebene regeln lassen, erweist sich als wesentlich komplexere Frage. So besteht etwa ein Spannungsverhältnis zwischen *Roxin*s Auffassung – Strafe setzt „immer Schuld voraus, so dass kein noch so großes präventives Pönalisierungsbedürfnis eine Strafsanktion rechtfertigen kann, die dem Schuldprinzip widerspricht"[54] – und einer Rechtsprechung, die Schuldausschließungsgründe stets eng auslegt, wenn präventive Erwägungen dies gebieten.[55] In letztgenanntem Sinn sollen gesetzliche Formeln wie „Verteidigung der Rechtsordnung" näher betrachtet werden.[56] Aber

---

54 *Roxin*, AT I, S. 727; *ders*., FS für Lampe, 2003, S. 434 ff. In Bezug auf das Schuldprinzip siehe auch *Jarass*, GG, Art. 1 Rn. 2, Art. 20 Rn. 103. Ebenso siehe *Jähnke*, LK, § 20 Rn. 10: „Präventive Gesichtspunkte können lediglich als Ergänzung und zur Abgrenzung, nicht aber zur Begründung von Strafe dienen". Ähnlich Schünemann, in: Grundfragen des modernen Strafrechtssystems, 1984, S. 187 ff., 193: „Die [...] gebotene generalpräventive Strafzumessung hat in erster Linie auf das Ausmaß der Rechtsgutsverletzung und damit auf die Schwere des Unrechts und in zweiter Linie auf die in der Tat manifestierte kriminelle Energie abzustellen, soweit diese für den Täter erkennbar waren und ihm also subjektiv zurechenbar sind; für *Schünemann*, S. 195, „ist die Schuld als Prinzip der Strafbegrenzung neben der Prävention als Prinzip der Strafbegründung" zu platzieren.

55 Vgl. *Urruela Mora*, Imputabilidad penal, 2004, S. 215 f., 218 ff., 323 ff. Ebenso siehe *Jakobs*, Schuld und Prävention, 1976, S. 32: „Der Zweck, der in die Schuld eingeht, kann durch Schuld nicht limitiert werden, und die Schuld, in die der Zweck eingegangen ist, begründet Strafe".

56 Vgl. etwa § 56 Abs. 3 des deutschen StGB: „Bei der Verurteilung zu Freiheitsstrafe von mindestens sechs Monaten wird die Vollstreckung nicht ausgesetzt, wenn die Verteidigung der Rechtsordnung sie gebietet"; § 59 des deutschen StGB: „Hat jemand Geldstrafe bis zu einhundertachtzig Tagessätzen verwirkt, so kann das Gericht ihn neben dem Schuldspruch verwarnen, die Strafe bestimmen und die Verurteilung zu dieser Strafe vorbehalten, wenn [...] 1. zu erwarten ist, dass der Täter künftig auch ohne Verurteilung zu Strafe keine Straftaten mehr begehen wird, 2. nach der Gesamtwürdigung von Tat

auch hier ergeben sich zwei Fragen: zum einen die Festlegung der Begriffe, die ein Einfließen präventiver Erwägungen zulassen sollen, und zum anderen ihre konkrete kriminalpolitische Ausrichtung.

Im Hinblick auf die erste Frage erscheint es derzeit vorzugswürdig, Begriffe zu wählen, die eine weitere Diskussion nicht abschneiden. Die bestehenden Meinungsunterschiede lassen eindeutige Festlegungen in die eine oder die andere Richtung zum jetzigen Zeitpunkt nicht angeraten sein. Auch der wissenschaftliche Diskurs darüber befindet sich erst im Anfangsstadium.

In der Rechtsvergleichung lassen sich dafür Beispiele finden, die als Orientierung dienen können: „Umstände, die in der Tat oder in der Persönlichkeit des Täters liegen",[57] „die Natur [...] des Gegenstands [...], des Ortes oder einer anderen Handlungsmodalität", „die Schwere des Schadens [...], der Gefahr für die durch die Straftat verletzte Person" oder „die Beweggründe für die Straffälligkeit und der Charakter des Täters".[58] Gewiss scheinen einige dieser Formeln andere Ebenen im Deliktsaufbau zu betreffen: Der Ort und die übrigen Tatumstände kennzeichnen im Allgemeinen den konkreten Handlungsunwert der Tat, während die Schwere des Schadens und die konkrete Gefahr für das Opfer – zusammen mit weiteren Merkmalen – den Erfolgsunwert begründen.[59] Sie bieten jedoch auch Anknüpfungspunkte für darüber hinausgehende Erwägungen auf der Schuldebene: Straflosigkeit bei zwar verminderter, immerhin

---

und Persönlichkeit des Täters besondere Umstände vorliegen, die eine Verhängung von Strafe entbehrlich machen, und 3. die Verteidigung der Rechtsordnung die Verurteilung zu Strafe nicht gebietet"; allgemein lehnt *Pérez Manzano*, Culpabilidad y prevención, 1990, S. 159 f., die Verwendung dieser Formel „zur Ausdehnung der Grenzen des Strafbaren" ab; im Einzelnen S. 283: „Es geht nicht an, mit der Verteidigung der Rechtsordnung zu argumentieren, weil dadurch der Täter individuell belastet wird, ohne dass gleichzeitig ein gesellschaftlicher Nutzen festzustellen ist".

57 Vgl. etwa § 47 Abs. 1 des deutschen StGB: „Eine Freiheitsstrafe unter sechs Monaten verhängt das Gericht nur, wenn besondere Umstände, die in der Tat oder der Persönlichkeit des Täters liegen, die Verhängung einer Freiheitsstrafe zur Einwirkung auf den Täter oder zur Verteidigung der Rechtsordnung unerlässlich machen".

58 Vgl. etwa Art. 133 Codice penale: „Nell'esercizio del potere discrezionale indicato nell'articolo precedente, il giudice deve tenere conto della gravita' del reato, desunta: 1) dalla natura, dalla specie, dai mezzi, dall'oggetto, dal tempo, dal luogo e da ogni altra modalita' dell'azione; 2) dalla gravita' del danno o del pericolo cagionato alla persona offesa dal reato; 3) dalla intensita' del dolo o dal grado della colpa.

Il giudice deve tener conto, altresi', della capacita' a delinquere del colpevole, desunta: 1) dai motivi a delinquere e dal carattere del reo; 2) dai precedenti penali e giudiziari e, in genere, dalla condotta e dalla vita del reo, antecedenti al reato; 3) dalla condotta contemporanea o susseguente al reato; 4) delle condizioni di vita individuale, familiare e sociale del reo".

59 Dazu siehe *Cerezo Mir*, PG II, S. 154 ff.

aber noch vorhandener Schuldfähigkeit, wenn das Strafbedürfnis gering ist. Dies wird beispielsweise durch eine Bezugnahme auf die „Schwere der Tat" oder die „verletzten Rechtsgüter" vereinfacht.

Die Einführung personenbezogener Merkmale aus general- oder spezialpräventiven Gründen darf nicht dahingehend missverstanden werden, dass dadurch das Schuldurteil zu einem Urteil über die Gesinnung des Täters umfunktioniert wird.[60] Es geht vielmehr um die Umstände, die auf die Schuld als graduierbare Kategorie einwirken, und in denen sich zugleich ein unterschiedliches Maß an Strafwürdigkeit und -bedürftigkeit ausdrückt. Auf die Frage, wie diese Umstände im Einzelnen gesetzlich beschrieben werden sollten, wird später eingegangen werden. Hier soll lediglich angemerkt werden, dass dabei neben subjektiven Umständen wie den in Art. 22.3 spanStGB genannten (bestimmt sein durch Bezahlung, Belohnung oder ein Versprechen) und in Art. 22.4. spanStGB aufgeführten (rassistische, antisemitische oder andere diskriminierende Beweggründe)[61] auch objektive Umstände von Bedeutung sein können, zum Beispiel die vom Täter bei der Tatbegehung gezeigte Gefährlichkeit, seine persönlichen und familiären Umstände[62] oder die Aussichten auf seine Resozialisierung.[63] Die weitere Klärung muss der wissenschaftlichen Auseinandersetzung, die gerade erst beginnt, vorbehalten bleiben. In diesem Stadium bieten sich Formulierungen an, die allgemein auf die „Umstände des Täters" oder „persönliche Umstände des Täters" abzielen.

Zusammenfassend mündet das bisher Ausgeführte in eine Gesetzesfassung des in Art. 20.1 spanStGB enthaltenen Schuldausschließungsgrunds, die vorläufig folgendermaßen lauten kann: „Nicht strafrechtlich verantwortlich ist:

1. Wer zu Zeit der Begehung der strafbaren Handlung aufgrund einer psychischen Anomalie oder Störung nicht in der Lage ist, das Unrecht der Tat einzusehen oder

---

60 Vgl. *Roxin*, AT I, S. 734 ff. Ebenso siehe *Cerezo Mir*, ZStW 108 (1996), 22 ff.

61 Das soll allerdings keinen Rückfall in überwundene Auffassungen von Schuld als „Lebensführungschuld" oder „Charakterschuld" bedeuten, in diesem Sinne siehe *Cerezo Mir*, ZStW 108 (1996), 25 f. Unter diesem Blickwinkel erscheinen einige der in Art. 133 des Codice penale aufgeführte Umstände bedenklich, insbesondere diejenigen, die sich auf den „Charakter des Angeklagten" und „allgemein das Verhalten sowie das Leben des Angeklagten vor der Straftat" beziehen.

62 So wurde über die intellektuellen und Willensfähigkeiten hinaus auch auf persönliche Probleme abgehoben, „die [...] auf eine enge emotionale Beziehung [...] und eine abgebrochene Schwangerschaft zurückzuführen sind", STS 25.3.2004. Ein weiteres Beispiel findet sich in STS 29.1.2004, in dem für einen möglichen Notstand unter anderem „die schwerwiegende familiäre Belastung des Täters aufgrund des Leidens seiner Ehefrau und seiner an den Rollstuhl gefesselten Tochter" berücksichtigt wird.

63 Zuletzt siehe *Tamarit Sumalla*, RDPC 2006/17, 217.

nach dieser Einsicht zu handeln". In Form einer Generalklausel könnte als Satz 2 hinzugefügt werden: „Bei der Beurteilung nach Satz 1 können gegebenenfalls die Umstände der Tat und die persönlichen Umstände des Täters berücksichtigt werden". Eine solche Fassung vereinfacht es, generalpräventive (besonders Umstände der Tat)[64] und spezialpräventive (besonders persönliche Umstände des Täters) Aspekte in das Schuldurteil mit einzubeziehen.

Jedoch wird mit dieser Fassung schon die zweite Frage teilweise beantwortet, da in ihr sowohl spezial- als auch generalpräventive Aspekte zum Tragen kommen. Tatsächlich erscheint es beim derzeitigen Stand der wissenschaftlichen Diskussion nicht zweckmäßig, generalpräventive Tendenzen von vornherein auszuschließen.[65] Gleichwohl sollte das spezialpräventive gegenüber dem generalpräventiven Moment etwas stärker betont werden, indem der zuvor unterbreitete Vorschlag beispielsweise folgendermaßen modifiziert wird: „Bei der Beurteilung nach Satz 1 können gegebenenfalls die Umstände der Tat und insbesondere die persönlichen Umstände des Täters strafmildernd berücksichtigt werden".

Durch diese Hervorhebung des spezialpräventiven Elements soll zugleich der in der spanischen Rechtsprechung bestehenden Überbetonung der Generalprävention entgegengewirkt werden. So hat *Urruela Mora* auf einen Fall hingewiesen, bei dem „der Täter in ein und derselben Nacht [...] zwei vollendete und drei versuchte Morddelikte wahrscheinlich in einem akuten Schub von Schizophrenie begangen hatte"[66] und trotzdem noch als vermindert schuldfähig erachtet wurde. Diese Kritik gilt in gleicher Weise für die Behandlung von Psychopathien in der Rechtsprechung.[67] Auf diese Problematik sollte der Gesetzgeber *de lege ferenda* reagieren.

---

64 In diesem Sinne schlägt etwa *Tamarit Sumalla*, RDPC 2006/17, 219, die Einführung von Regelungen vor, die es auf dieser Ebene ermöglichen, bei geringfügigem Schaden von Strafe abzusehen. Ebenso siehe de la *Cuesta Aguado*, Culpabilidad, 2003, S. 229 ff., 243 f

65 Zu Recht SK / *Rudolphi*, Vor § 19 Rn. 1b, der auf die Notwendigkeit hinweist, „die den strafrechtsdogmatischen Schuldbegriff mitprägenden präventiven Erwägungen herauszuarbeiten und einer sozialwissenschaftlichen Kontrolle zu unterwerfen". Ebenso siehe *Bartoli*, Colpevolezza, 2005, S. 86, der auf die Notwendigkeit der Rationalisierung von präventiven Erwägungen, insbesondere auf Gesetzesebene hinweist; *Luzón Peña*, Homenaje a Torío López, 1999, S. 161.

66 Vgl. *Urruela Mora*, Imputabilidad penal, 2004, S. 262, der an dieser Entscheidung bemängelt, dass sie von der öffentlichen Empörung über diese Taten geprägt war. Diese Kritik gilt ebenso bei STS 27.1.2004.

67 Anders jedoch vgl. STS 25.3.2004. Kritikwürdig dagegen wieder STS 7.2.2006: „Die Persönlichkeitsstörungen werden von der Rechtsprechung grundsätzlich nicht als Geisteskrankheiten mit Auswirkungen auf die Schuldfähigkeit angesehen". Eingehend *Urruela Mora*, Imputabilidad penal, 2004, S. 323 ff.

Bei einer künftigen Gesetzgebung muss auf der Schuldebene genau wie beim Tatbestand und der Rechtswidrigkeit auch dem Gesetzlichkeitsgrundsatz Rechnung getragen werden.[68] In diesem Zusammenhang fordert *Torío López*, „den Bereich gesetzlich präzise [abzustecken], in dem der Täter mit Rücksicht auf seine Schuldunfähigkeit straflos bleiben muss. Nach dem Grundsatz *nullum crimen sine lege* ist exakt festzulegen, welches Verhalten strafbar sein soll. Der Gesetzgeber darf diese Frage angesichts ihres Verfassungsrangs nicht der Rechtsprechung überlassen, sondern er hat selbst eine solide Grundlage dafür zu schaffen, dass psychiatrische Sachverständige und Richter gemäß ihrer jeweiligen prozessualen Funktion zusammenwirken können".[69] Deshalb kommt den sogenannten deskriptiven Merkmalen auch bei der gesetzlichen Gestaltung der Schuldebene eine herausragende Bedeutung zu.

Hinsichtlich dieser deskriptiven Merkmale kann auch unter dem Aspekt ihrer notwendigen Prozesstauglichkeit auf die obigen Ausführungen verwiesen werden;[70] an dieser Stelle sind nur einige Präzisierungen erforderlich. Nach diesem Maßstab sind die auf psychiatrische Kategorien verweisenden Begriffe in Art. 20.1 spanStGB differenziert zu beurteilen. Art. 20 lautet: „Nicht strafrechtlich verantwortlich ist:

> 1. Wer zur Zeit der Begehung der strafbaren Handlung aufgrund einer psychischen Anomalie oder Störung nicht in der Lage ist, das Unrecht der Tat einzusehen oder nach dieser Einsicht zu handeln".

Generell lässt sich feststellen, dass die jetzt verwendeten gesetzlichen Begriffe „psychische Anomalie oder Störung" im Verhältnis zur früheren Formulierung „Entfremdung" („*enajenación*") einen erheblichen Fortschritt bedeuten, da sie sich terminologisch in die international üblichen Klassifizierungen von psychischen und Verhaltensstörungen einordnen lassen.[71] Auch die Verknüpfung dieser biologischen mit psychologischen Aspekte, nämlich: in der Lage sein, „das

---

68 *Roxin*, Kriminalpolitik und Strafrechtssystem, 1973, S. 39.

69 *Torío López*, Estudios en honor de Pérez Vitoria, 1983, S. 967 ff., 973. Anders *Roxin*, Kriminalpolitik und Strafrechtssystem, 1973, S. 39: „[der nulla poena-Satz] darf, da auch die Schuldmerkmale dazu dienen, das Maß des Strafbaren zu bestimmen, in diesem Bereich nicht etwa außer Kraft gesetzt werden", auch wenn er „hier – ähnlich wie auf dem Gebiet der Rechtswidrigkeit – keine systembildende Kraft" entfalten soll und den Gesetzgeber daher auch nicht hindert, „ungeklärte Fragen des Schuldausschlusses offenzulassen"

70 Vgl. oben unter B, II.

71 *Torío López*, Estudios en honor de Pérez Vitoria, 1983, S. 980. Ebenso *Morales Prats*, Comentarios al nuevo Código penal, 2005, S. 147, 149. Eingehend *Urruela Mora*, Imputabilidad penal, 2004, S. 207 ff.

Unrecht der Tat einzusehen oder nach dieser Einsicht zu handeln",[72] soll gegenüber einseitig psychologischen Begrifflichkeiten vorzuziehen sein.[73] Mit solchen deskriptiven Merkmalen auf der Schuldebene wird nicht allein dem Gebot des *nullum crimen sine lege* entsprochen. Vielmehr vereinfachen sie es, im Interesse größtmöglicher Rationalität[74] die Erkenntnisse anderer Wissenschaften wie der Psychiatrie oder der Psychologie für die Schuldfeststellung nutzbar zu machen.[75] Dem steht nicht entgegen, dass es sich um normative Begriffe handelt, deren Bedeutung zu bestimmen allein dem Rechtsanwender obliegt.[76]

Unter einem anderen Blickwinkel erscheint Art. 20.1 spanStGB allerdings noch verbesserungsfähig. Zwar fördert diese Vorschrift den Austausch mit Psychiatrie und Psychologie[77] und erlaubt es auch, „jeglicher dauerhaften oder vorübergehenden psychischen Anomalie oder Störung Bedeutung beizumes-

---

72 Ebenso siehe erklärend *Roxin*, AT I, S. 756 ff., der von „biologisch-psychologischer Methode der Schuldunfähigkeitsfestellung" spricht.

73 In diesem Sinne siehe etwa *Torío López*, Estudios en honor de Pérez Vitoria, 1983, S. 975. Ebenso *Cerezo Mir*, PG III, S. 56, unter Hinweis auf die Ungenauigkeit einer rein psychologischen Begrifflichkeit, „da sie nicht die Gründe beschreibt, die den Täter daran hindern, das Unrecht seiner Handlungen einzusehen oder nach dieser Einsicht zu handeln, und daher die Rechtssicherheit beeinträchtigt". Anders in Bezug auf §§ 20 f. StGB *Frister*, Schuldelement, 1993, S. 175 ff.

74 Allgemein *Cerezo Mir*, PG III, S. 55 f.; *Cuerda Riezu*, El legislador y el Derecho penal, 1991, S. 45, 67 ff.; *Silva Sánchez*, Homenaje a Roxin, 1997, S. 22. Ebenso *Bartoli*, Colpevolezza, 2005, S. 75, 96, 224. Kritisch jedoch, *Frister*, Schuldelement, 1993, S. 175, der in Frage stellt, „ob es nicht besser wäre, mit der Formulierung eines als Zurechnungskriterium geeigneten allgemeinen Begriffs der Zurechnungsfähigkeit auf die Orientierung an den Eingangsmerkmalen ganz zu verzichten".

75 In diesem Sinne unter Hinweis auf die Durchlässigkeit psychologischer Formeln für den Erkenntnisfortschritt *Torío López*, Estudios en honor de Pérez Vitoria, 1983, S. 974 f., 980. Allgemein *Hirsch*, La posición de la justificación, 1996, S. 46: „Der Gesetzgeber muss beide Elemente der Schuld respektieren, so dass beispielsweise von einem Gesetz, das den Verbotsirrtum oder den entschuldigenden Notstand als irrelevant erachtet, das Schuldprinzip schwerwiegend verletzt wird". Kritisch siehe auch *Hoyer*, Strafrechtsdogmatik, 1997, S. 110 ff.

76 Vgl. *Roxin*, AT I, S. 756 ff. Ebenso *Bartoli*, Colpevolezza, 2005, S. 75; *Kaufmann*, Strafrechtsdogmatik, 1982, S. 83: „Selbst wenn es richtig wäre, wie gelegentlich von psychiatrischer Seite behauptet wird, dass man in der psychischen Wirklichkeit die Einsichts- und die Willensfähigkeit nicht voneinander trennen kann, so wäre damit nicht, der modernen Schuldlehre [...] die Grundlage entzogen". Allgemein auch unter Hinweis auf die Notwendigkeit von normativen Kriterien, weil bei der Schuldfeststellung zwischen unterschiedlichen Graden der Schuldfähigkeit differenziert werden muss, *Frister*, Schuldelement, 1993, S. 179 ff.

77 In diesem Sinne, unlängst *Tamarit Sumalla*, RDPC 2006/17, 205 ff., der sich zu Gunsten offener Klauseln ausspricht. Eingehend *Urruela Mora*, Imputabilidad penal, 2004, S. 202 f., 208 ff.

sen, wenn sie die Fähigkeit beeinflusst, das Unrecht der Tat einzusehen oder nach dieser Einsicht zu handeln."[78] Diese Vorzüge werden aber durch den Nachteil begrifflicher Ungenauigkeit gemindert. Dies gilt umso mehr, als breiter Konsens über die Notwendigkeit besteht, den Forschungsstand von Psychiatrie und Psychologie bei der Abfassung des Gesetzes einzubeziehen und ihm damit eine solide fachwissenschaftliche Basis zu verschaffen.[79] Der Einwand mangelnder Wissenschaftlichkeit[80] könnte beispielsweise durch eine Formulierung ausgeräumt werden, wie sie *Cerezo Mir* vorgeschlagenen hat: „Nicht strafrechtlich verantwortlich ist, wer infolge einer psychischen Erkrankung oder Schwäche oder einer nicht krankhaften psychischen Störung der Fähigkeit beraubt ist, das Unrecht der Tat einzusehen oder nach dieser Einsicht zu handeln".[81]

Zwar trägt diese Formulierung dem Umstand Rechnung, dass zwischen Schuldfähigkeit und -unfähigkeit nur graduelle Unterschiede bestehen. Sie gewährleistet auch größere Rechtssicherheit „bei der Beurteilung einer psychischen Störung und ihrer Auswirkungen auf das individuelle Verhalten, indem sie diese Störung zur Fähigkeit, das Unrecht der Tat einzusehen oder nach dieser Einsicht zu handeln, in Beziehung setzt".[82] Gleichwohl bleiben Zweifel, ob sie sich in einen wissenschaftlichen Rahmen einfügen lässt, in dem präventive Schuldkonzeptionen ein derart qualifiziertes Gewicht besitzen. So werden solche Vorschriften als ein Versuch verstanden, auf diesem Wege das durchzusetzen, „was in der rechtsdogmatischen Diskussion argumentativ nicht erreicht wurde".[83] In diesem Sinn empfiehlt sich eine andere Fassung zum Beispiel in

---

78 *Urruela Mora*, Imputabilidad penal, 2004, S. 4, eingehend 211 ff.

79 *Torío López*, Estudios en honor de Pérez Vitoria, 1983, S. 977.

80 In diesem Sinne siehe bereits *Torío López*, Estudios en honor de Pérez Vitoria, 1983, S. 977. In Bezug auf §§ 20 f. StGB *Frister*, Schuldelement, 1993, S. 176 f. Anders *Urruela Mora*, Imputabilidad penal, 2004, S. 212 Fn. 61, der darauf hinweist, dass „die Unbestimmtheit der Gesetzesfassung" es erleichtert, „die weitere Entwicklung auf dem Gebiet der psychiatrischen Wissenschaften" zu berücksichtigen. In diesem Sinne siehe ebenso *Muñoz Conde / García Arán*, PG, S. 375 f.

81 Vgl. *Urruela Mora*, Imputabilidad penal, 2004, S. 212.

82 *Urruela Mora*, Imputabilidad penal, 2004, S. 4, 217.

83 *Gimbernat Ordeig*, Código penal, 2006, S. 51. Ebenso *Mir Puig*, PG, S. 558; *Muñoz Conde / García Arán*, PG, S. 366, 372, die auch ihre geringe wissenschaftliche Verankerung kritisieren. Anders *Luzón Peña*, Homenaje a Torío López, 1999, S. 163, der auf ihre beliebige Auslegbarkeit hinweist; auch *Morales Prats*, Comentarios al nuevo Código penal, 2005, S. 147 f., der jedoch einräumt, dass „sie ein gesetzgeberisches Hindernis für jene [...] darstellt, die nicht nur die Überprüfung des Begriffs der Schuld und seiner Voraussetzungen fordern, sondern seinen Ersatz durch [...] den Begriff der Strafbedürftigkeit". So in Bezug auf § 20 StGB vgl. auch SK / *Rudolphi*, § 20 Rn. 4a.

Anlehnung an Art. 20.6 des spanStGB, die einer Weiterentwicklung der wissenschaftlichen Diskussion nicht entgegensteht.

Die vorstehenden Überlegungen lassen sich auf die Entschuldigungsgründe übertragen,[84] die den Regelungen zur Schuldunfähigkeit sowohl in systematischer als auch in struktureller Hinsicht vergleichbar sind. Beispielsweise ermöglicht es die knappe Fassung von Art. 20.6 spanStGB, wonach strafrechtlich nicht verantwortlich ist, „wer aufgrund unüberwindlicher Angst handelt", durch die Voraussetzung der Unüberwindlichkeit, präventive Aspekte mit zu gewichten.[85] So kann der Begriff der Unüberwindlichkeit – je nachdem, ob es sich beispielsweise um eine Straftat gegen das Leben oder gegen die Volksgesundheit handelt, strenger oder weniger streng ausgelegt werden.[86] Wenn sich eine hohe Wiederholungsgefahr für Straftaten eines besonderen Typs feststellen lässt, etwa Transport von Drogen durch (angeblich) dazu genötigte Personen, so kann einem solchen Präventionsbedürfnis durch ein restriktives Verständnis von Art. 20.6 spanStGB Rechnung getragen werden: Dies ist beispielsweise möglich, indem nicht vorwiegend auf die Bedrohungssituation für das Opfer abgestellt wird, sondern stärker auf die Frage, welche Alternativen ihm zur Verfügung standen, um dieser Bedrohungssituation zu entgehen.[87] In ähnlicher Weise können weitere Aspekte wie etwa „die persönlichen, familiären und sozialen Lebensumstände des Täters" berücksichtigt werden.[88]

Der normative Charakter der in Art. 20.6 spanStGB enthaltenen Begriffe lässt sich besser für präventive Erwägungen nutzen, als es bei Art. 20.1 spanStGB der Fall ist. In diesem Sinn ist eine Gesetzesänderung im Hinblick auf Art. 20.6 nicht erforderlich. Allerdings zeigt die Rechtsprechung bei der Auslegung dieser Vorschrift wiederum die Tendenz, der Generalprävention einen zu hohen Stellenwert einzuräumen. Sie fordert nämlich beispielsweise, dass

---

84 Zu dieser Kategorie siehe kritisch *Roxin*, Kriminalpolitik und Strafrechtssystem, 1973, S. 34; *ders.*, AT I, S. 748 f. Ebenso *Amelung*, in: Grundfragen des modernen Strafrechtssystems, 1984, S. 102, für den hier „besser von 'Verantwortungsausschluss' oder ähnlichem" gesprochen werden sollte.

85 In Bezug auf Art. 20.6 siehe ebenso *Muñoz Conde*, in: Derecho penal y ciencias sociales, 1982, S. 164.

86 Ausdrücklich STS 17.6.2004, in dem ausgeführt wird, dass „die voraussichtlichen Folgen der beabsichtigten Gegenwehr einen Maßstab dafür bilden, in welchem Umfang es dem Eingeschüchterten zugemutet werden kann, Gefahren hinzunehmen". Dazu siehe *Urruela Mora*, Imputabilidad penal, 2004, S. 140 f., 144. Allgemein auch *Melendo Pardos*, El concepto material de culpabilidad, 2002, S. 609 f.

87 Vgl. STS 17.6.2004.

88 Art. 133 Codice penale.

„Angst der einzige Auslöser der Tat sein muss“,[89] dass sie darüber hinaus „auf einer wirklichen und nachgewiesenen Bedrohung beruht“ und schließlich „nach einem objektiven Maßstab unüberwindlich sein muss, das heißt, es kann nicht darauf ankommen, ob sie von überdurchschnittlich mutigen oder überdurchschnittlich ängstlichen Menschen beherrscht werden könnte“.[90] Zwar reicht es als Grundlage für die Schuldfeststellung nicht aus, nur auf die persönlichen Umstände des Täters abzustellen.[91] Ebenso wenig genügt es, im generalpräventiven Sinn allein die Schwere der Tat maßgeblich sein zu lassen.[92] Daher bietet es sich auch hier an, eine ähnliche Fassung einzuführen, wie sie oben bereits vorgeschlagen wurde:

> „Bei der Beurteilung nach Satz 1 können gegebenenfalls die Umstände der Tat und die persönlichen Umstände des Täters strafmildernd berücksichtigt werden“. Auf diese Weise lässt sich schon auf Gesetzesebene die Überbetonung generalpräventiver Aspekte durch die Rechtsprechung verhindern.

Aber auch diese Fassung weist keine hinreichende Bestimmtheit auf.[93] Auf die Bedeutung des *nullum crimen*-Satzes auf der Schuldebene wurde bereits oben eingegangen. Hier ist lediglich hinzuzufügen, dass bei einer anzugehenden Gesetzesänderung auf eine weit fortgeschrittene Dogmatik zu dieser Rechtsfigur zurückgegriffen werden kann. Zu diesen dogmatischen Erkenntnissen gehört, dass die unüberwindliche Angst als Schuldausschließungsgrund weniger eine unmittelbar drohende Gefahr voraussetzt als vielmehr die Notwendigkeit, unmittelbar zu handeln, um die Gefahr zu vermeiden.[94] Ferner soll kein Rechtsgut *a priori* von dem Anwendungsbereich des Art. 20.6 spanStGB ausge-

---

89 Vgl. STS 17.6.2004; kritisch *Cerezo Mir*, PG III, S. 141 f., der es genügen lässt, dass die Angst das vorherrschende Motiv bildet; *Cuerda Arnau*, El miedo insuperable, 1997, S. 91 f. Eingehend *Varona Gómez*, Miedo insuperable, 2000, S. 152 ff.

90 STS 17.6.2004.

91 Vgl. *Cuerda Arnau*, El miedo insuperable, 1997, S. 91.

92 So aber STS 17.6.2004. Gegen eine solche Überbetonung der Generalprävention zu Recht *Couso Salas*, Fundamentos del Derecho penal de la culpabilidad, 2006, S. 189, unter Hinweis darauf, dass „die persönliche Motivierbarkeit des Täters durch die Norm [...] eine unüberwindliche Schranke für die Generalprävention ist“. Allgemein, auch *Roxin*, FS für Lampe, 2003, S. 434: „die Kategorie der Verantwortlichkeit, die an das Unrecht anschließt, beruht auf einer Abwägung. Aber jetzt geht es nicht mehr um Legalität und Illegalität, sondern darum, das staatliche Interesse an der Bestrafung unrechten Handelns, das leicht zu repressiver Übertreibung führen kann, in rechtsstaatlichen Grenzen zu halten“.

93 Kritisch dazu *Varona Gómez*, Miedo insuperable, 2000, S. 10 f., 141.

94 *Varona Gómez*, Miedo insuperable, 2000, S. 185, der darauf hinweist, dass eine solche Notwendigkeit zu handeln „auch in Fällen zukünftiger Gefahr existieren kann, wenn sich keine Verbesserung der Situation absehen lässt“. Ebenso *Cerezo Mir*, PG III, S. 143. Ähnlich siehe bereits *Cuerda Arnau*, El miedo insuperable, 1997, S. 136.

schlossen werden.[95] Auch lassen sich verschiedene Anforderungen an das zu entschuldigende Verhalten definieren, wie etwa der zeitlich begrenzte Spielraum des Täters für seine Reaktion auf das ihm drohende Übel.[96] Auch muss eine gewisse Verhältnismäßigkeit zwischen verursachtem und vermiedenem Übel bestehen, so dass dieser Entschuldigungsgrund nur bejaht werden kann, wenn das verursachte Übel sich nicht als unverhältnismäßig größer als das vermiedene erweist.[97] Zudem wird diese Rechtsfigur allgemein dann nicht anerkannt, wenn der Täter trotz seiner Angst aufgrund seines Berufes oder Amtes verpflichtet war, der bedrohlichen Situation standzuhalten.[98]

Die Ergebnisse der wissenschaftlichen Forschung erlauben eine weitere Präzisierung bei der Beschreibung des Art. 20.6 spanStGB. Schon *de lege lata* wird die Anerkennung der unüberwindlichen Angst als Schuldausschließungsgrund zunehmend vom psychischen Druck, der auf dem Betroffenen lastet, verlagert „auf die normativen Anforderungen, die nach einem objektiven Maßstab an jemanden gestellt werden können, dessen Handlungsfreiheit durch eine solche angsteinflößende Drucksituation begrenzt wird“.[99] Diese Verlagerung verlangt *de lege ferenda* eine entsprechende Korrektur durch die Einführung normativer Parameter, weil es auch hier darum geht, welches Verhalten strafbar sein soll.[100] Zu denken ist daran, eine angemessene Relation zwischen verursachtem und vermiedenem Übel vorauszusetzen, sei es nach dem Vorschlag von

---

95 Vgl. *Cuerda Arnau*, El miedo unsuperable, 1997, S. 133 f.; *Higuera Guimerá*, La eximente de miedo unsuperable, 1991, S. 120; *Varona Gómez*, Miedo insuperable, 2000, S. 220 ff., 240 ff., 357 ff.

96 Differenzierend zwischen den Fällen des unmittelbar drohenden Übels und dauerhafter Gefahr bei der Bestimmung der Zumutbarkeit vgl. *Varona Gómez*, Miedo insuperable, 2000, S. 235 f. Aus der Perspektive des Handelnden *Quintanar Díez*, La eximente de miedo insuperable, 1998, S. 44 ff.

97 Zu den Grundsätzen der Nachholbarkeit und Geeignetheit, vgl. *Varona Gómez*, Miedo insuperable, 2000, S. 248 ff.

98 Allgemein unter Hinweis auf den Einfluss der sozialen Rolle für das Schuldurteil bereits *Muñoz Conde*, GA 1978, 76 ff. Zuletzt siehe ebenso *Varona Gómez*, Miedo insuperable, 2000, S. 252 ff. Anders *Higuera Guimerá*, La eximente de miedo insuperable, 1991, S. 89 ff.

99 *Varona Gómez*, Miedo insuperable, 2000, S. 52 f., 149; zu den prozessualen Schwierigkeiten eines rein psychologischen Begriffsverständnisses, S. 146 f. Ähnlich *Cerezo Mir*, PG III, S. 142, unter Berufung auf das „Verhalten einer verständigen Person, die die Erfordernisse der Rechtsordnung respektiert“; *Cobo del Rosal / Vives Antón*, PG, S. 700; *Mir Puig*, PG, S. 598. Zur Rechtsprechung siehe kritisch *Cuerda Arnau*, El miedo insuperable, 1997, S. 72 f. Anders *Quintanar Díez*, La eximente de miedo insuperable, 1998, S. 44 ff., der die Angst im Sinne von Art. 20.6 spanStGB als „höchst individuelles und persönliches Phänomen“ versteht.

100 *Roxin*, Kriminalpolitik und Strafrechtssystem, 1973, S. 39.

Mir Puig: „ein nicht vollkommen unverhältnismäßiges Übel", oder gemäß § 10 des österreichischen StGB, wonach der aus der Tat drohende Schaden nicht unverhältnismäßig schwerer wiegen darf als der Nachteil, den sie abwenden soll".[101] Auch kann statuiert werden, dass eine Entschuldigung nur gewährt wird, wenn unmittelbares Handeln notwendig ist. Auf dieser Grundlage lässt sich folgende vorläufige Definition entwickeln: „Strafrechtlich nicht verantwortlich ist:

> 6. Wer annimmt, dass es angesichts eines ihm drohenden Übels notwendig ist, unmittelbar zu handeln, ist entschuldigt, sofern der von ihm dabei verursachte Schaden nicht unverhältnismäßig schwerer wiegt als der, der ihm zu entstehen drohte".

Es kann sich auch empfehlen, die Beurteilung der Drucksituation an objektive Parameter zu binden, wie zum Beispiel „wer vernünftigerweise annehmen darf"[102] oder „wer angesichts eines ihm nicht zumutbaren Übels".

Aber diese Vorschläge sollen nur einige Denkanstöße für die wissenschaftliche Diskussion im Vorfeld einer Gesetzesreform zur Schuldebene geben. Sie sind als Anregung für eine moderne Gesetzgebungstechnik zu verstehen, die sich auf dogmatische Erkenntnisse stützt und sie bei der legislatorischen Gestaltung berücksichtigt. Dabei wird nicht der Anspruch erhoben, alle sich in diesem Zusammenhang stellenden Fragen bereits abschließend beantwortet zu haben. So wird beispielsweise auch über die Zweckmäßigkeit einer ausdrücklichen Einführung des Schuldprinzips im spanStGB debattiert: „Keine Strafe ohne Schuld".[103] Diese Thematik ist jedoch Gegenstand einer noch nicht abgeschlossenen wissenschaftlichen Auseinandersetzung.[104] An dieser Stelle muss einmal mehr unterstrichen werden, dass, solange eine wissenschaftliche Diskussion nicht abgeschlossen ist, Neutralität bei der Gesetzgebung angestrebt werden sollte. Andernfalls kann nämlich der Gesetzgeber nicht nur die Weiterentwicklung der Wissenschaft erschweren, sondern darüber hinaus wird die Vorschrift unnötig der Kritik und – gewissermaßen auch – dem Schicksal der dem Gesetz zugrunde liegenden dogmatischen Auffassung ausgesetzt.[105]

---

101 Zu dem einen wie dem anderen Modell vgl. *Varona Gómez*, Miedo insuperable, 2000, S. 248 f. Anders siehe *Cuerda Arnau*, El miedo insuperable, 1997, S. 111 f., 149 ff.

102 Abl. dazu siehe *Higuera Guimerá*, La eximente de miedo insuperable, 1991, S. 123 f.

103 Zuletzt siehe *Urruela Mora*, Imputabilidad penal, 2004, S. 154 f.

104 Vgl. *García Arán*, Estudios en memoria de Valle Muñiz, 2001, S. 406 ff. In der deutschen Lehre vgl. *Hoyer*, Strafrechtsdogmatik, 1997, S. 110 ff.; in der italienischen Lehre vgl. *Bartoli*, Colpevolezza, 2005, S. 86 ff.

105 Im Allgemeinen *Roxin*, Täterschaft und Tatherrschaft, 2000, S. 544 f.

III. Schuld als graduelle Kategorie

Ebenso wie die Rechtswidrigkeits- erschöpft sich auch die Schuldfrage nicht darin, sie zu bejahen oder zu verneinen. Vielmehr sind innerhalb dieser Bandbreite zahlreiche Abstufungen möglich, und zwar in Abhängigkeit von schuldverstärkenden oder -mindernden normativen Aspekten.[106] Demgegenüber ist jedoch vorgeschlagen worden, „bereits *de lege lata* sowohl bei der Unrechtsals auch bei der Schuldfeststellung auf die Berücksichtigung subjektiver Elemente als Ausdruck einer inneren Einstellung oder bestimmter Beweggründe beim Täter" zu verzichten.[107] Dafür werden zum einen grundrechtliche Argumente[108] und zum anderen Bedenken im Hinblick auf eine nicht genügende Bestimmtheit dieser Merkmale geltend gemacht.

Gewiss wird auf der Schuldebene besonders deutlich, dass die Strafbedürftigkeit nicht so sehr von ethischen Aspekten wie der subjektiven Werteverinnerlichung des Einzelnen abhängt, sondern eher von anderen Aspekten wie der Gefährlichkeit des Täters und der gesellschaftlichen Erforderlichkeit von Normstabilisierung bestimmt wird.[109] In diesem Lichte ist *de lege ferenda* eine Reform der Strafmilderungs- und -schärfungsgründe zu fordern. Denn der in der Gesellschaft zu beobachtende Wertewandel wirkt sich auf einige Strafschärfungsgründe wie Art. 22.3 spanStGB (Tatausführung gegen „Bezahlung, Belohnung oder auf Versprechen" als allgemeiner Strafschärfungsgrund in der gegenwärtigen Gesellschaft) stärker aus als auf andere, wie zum Beispiel

106 Grundlegend *Alonso Álamo*, El sistema de las circunstancias del delito, 1981, S. 437 ff.

107 *Couso Salas*, Fundamentos del Derecho penal de la culpabilidad, 2006, S. 554 f.

108 *Couso Salas*, Fundamentos del Derecho penal de la culpabilidad, 2006, S. 552, der ausführt, dass „eine darauf gestützte Bestrafung inkompatibel mit [...] einem Strafrecht ist, das die ethische Selbständigkeit des Individuums und sein Recht auf freie Entfaltung der Persönlichkeit respektiert".

109 Vgl. *Hoyer*, Strafrechtsdogmatik, 1997, S. 82 ff. In diesem Sinne hebt auch *de la Cuesta Aguado*, Culpabilidad, 2003, S. 131, hervor, „dass die fortschrittlichen Industriegesellschaften sich einer eher durch äußere Anreize als durch Normen gesteuerten Verhaltenskontrolle annähern, bei der Ästhetik und Symbolik über Ethik triumphiert haben". Allgemein auch *Alcácer Guirao*, La tentativa inidónea, 2000, S. 389 f. In Bezug auf den Art. 206 spanStGB siehe auch *Varona Gómez*, Miedo insuperable, 2000, S. 66: „Der wesentliche Unterschied zwischen Angst und den übrigen Gemütszuständen (wie beispielsweise Eifersucht, Neid oder Zorn), der die Erhebung unüberwindbarer Angst zum Strafausschließungsgrund erklärt, liegt nicht in ihren andersartigen Auswirkungen auf die menschliche Psyche (da diese tatsächlich mit den übrigen identisch sein können und auch zur Erhebung beispielsweise 'unüberwindlichen Zorns' zum Strafausschließungsgrund geführt haben könnten), sondern darin, dass dieses Gefühl ein Abbild von Werten ist, die in einer liberalen Gesellschaft, die den Unterschied zwischen Individuum und Staat ernst nimmt, toleriert werden können".

Art. 22.4 spanStGB (Tatbegehung „aus rassistischen, antisemitischen oder anderen diskriminierenden Beweggründen"). Ungeachtet des bestehenden Reformbedarfs ist zu den oben dargestellten Auffassungen anzumerken, dass sowohl nach den auf individuelle Vermeidbarkeit abstellenden als auch nach den präventionsorientierten Ansätzen graduelle Abstufungen bei der Schuldfeststellung vorgenommen werden können.[110] Die vorliegende Schrift beschränkt sich jedoch auf die Fragen der Gesetzgebungstechnik.

Bei der Gestaltung einer gesetzlichen Regelung ist der *nullum crimen*-Satz in doppelter Hinsicht zu beachten. Materiell muss ein hinreichendes Maß an Bestimmtheit bei den einzelnen Strafmilderungs- und Strafschärfungsgründen gewährleistet sein. Nach diesem Kriterium erscheint das spanische StGB reformbedürftig. Um ein Beispiel zu nennen: Der Täter verlässt nach „einem Streit die Diskothek und kehrt kurz darauf zurück, fordert den am Streit beteiligten B auf herauszukommen und zieht „ohne ein weiteres Wort [...] eine Pistole und feuert eine Kugel ab, die bei B wegen einer instinktiven Drehung in das Hypochondrium eindringt und auf der rechten Seite wieder austritt, während der Angeklagte unverzüglich vom Tatort flieht".[111] Hier war zu entscheiden, ob die Voraussetzungen von Art. 21.3 spanStGB erfüllt waren, wonach die Strafe bei „Handeln aus Gründen oder Antrieben, die so übermächtig sind, dass sie zu Jähzorn, Verblendung oder einem ähnlich schwerwiegenden Erregungszustand geführt haben" zu mildern ist. Obwohl bei dem Täter ein „emotionaler, heftiger und plötzlicher Affektzustand" festgestellt wurde,[112] der es gestattet hätte, ihn mit dem Begriff „Jähzorn" zu belegen, wurde dieser Strafmilderungsgrund bei ihm aus nachvollziehbaren kriminalpolitischen Erwägungen abgelehnt. In diesem Sinn ist der in der Rechtsprechung anerkannten Auffassung zuzustimmen, die eine Strafmilderung davon abhängig macht, dass die den Täter bewegenden „Antriebe nicht gegen grundlegende soziokulturelle Normen des gesellschaftlichen Zusammenlebens verstoßen [...], das heißt, dass die Motive des Täters nicht völlig missbilligenswert erscheinen dürfen, da sein Verhalten und seine Antriebe rechtlich nicht privilegiert werden können, wenn sie auf einer asozialen, mit der herrschenden Werteordnung nicht zu vereinbarenden Einstellung beruhen".[113] Als Beispiele dafür werden eine extreme

---

110 Vgl. *Roxin*, AT I, S. 724 ff.

111 STS 27.2.2004.

112 STS 27.2.2004. Zu ihrer begrifflichen Abgrenzung siehe eingehend *Cortés Bechiarelli*, Arrebato u obcecación, 1997, S. 188 ff., 197 ff.

113 Zuletzt siehe STS 31.3.2006; STS 10.2.2006, in der die Anwendbarkeit des Art. 21.3 bei nicht nachvollziehbarem Jähzorn ausgeschlossen wird; nach STS 19.1.2006 gilt dies auch in Fällen von Gender-Gewalt. Mit weiteren Nachweisen siehe STS 27.2.2004. Siehe ebenso *Cerezo Mir*, PG III, S. 150 ff. Dagegen *Alonso Álamo*, El sistema de las

Reizbarkeit oder ein gewalttätiger Charakter angeführt. Dasselbe gilt, wenn der Täter aus krankhafter Eifersucht oder sonst aus einem bloß eingebildeten oder nichtigen Anlass heraus überreagiert. Da die von der Rechtsprechung entwikkelte ethisch-soziale Bewertung des Tatanreizes in der jetzigen Fassung von Art. 21.3 spanStGB keinen Ausdruck findet, erhebt sich die Frage der Zweckmäßigkeit einer Gesetzesänderung.[114] Denn sie nimmt allein auf eine psychische Komponenten Bezug (Jähzorn, Verblendung oder ein ähnlich schwerwiegender Erregungszustand), enthält aber keinen Anknüpfungspunkt für die normative Betrachtung, von der eine Strafmilderung materiell auch abhängen soll, so dass anhand des Gesetzestextes nicht zu erklären ist, warum die Strafmilderung in diesen Fällen versagt wird. Dafür spricht auch die breite Anerkennung dieser Auffassung in der Rechtsprechung schon seit dem 19. Jahrhundert.[115] *De lege ferenda* empfiehlt es sich, die einzelnen Merkmale des Art. 21.3 spanStGB durch normative Attribuierungen wie beispielsweise „ethisch-sozial billigenswerten" (Gründen oder Antrieben) zu ergänzen.[116] Auf diese Weise werden der Rechtsprechung die gesetzlichen Spielräume eröffnet, mit der von ihr bereits jetzt vorgenommenen Einschränkung fortzufahren und sie diskursiv weiterzuentwickeln.[117]

Es geht jedoch nicht allein darum, das materielle Unrecht zutreffend zu beschreiben, sondern auch so, dass es den Anforderungen an Rechtssicherheit

---

circunstancias del delito, 1981, S. 445 f., 698 ff., der auf die „verringerte Schuldfähigkeit" hinweist; *Cortés Bechiarelli*, Arrebato u obcecación, 1997, S. 188 ff., der kritisch anmerkt, dass auf diese Weise von der Rechtsprechung tiefgreifende „emotionale oder Affektreaktionen ignoriert werden, obwohl sie aus psychologischer Sicht die erforderlichen Merkmale erfüllen, um als Gemütsregung oder Affekt eingestuft zu werden, und [...] eine effektive Verringerung der Zurechnungsfähigkeit bedeuten"; *Mir Puig*, PG, S. 609.

114 Vgl. *Cortés Bechiarelli*, Arrebato u obcecación, 1997, S. 263 ff.

115 Vgl. *Cortés Bechiarelli*, Arrebato u obcecación, 1997, S. 263 ff.

116 Eingehend STS 27.2.2004, die sich auf soziokulturelle Normen, die das gesellschaftliche Zusammenleben lenken" und das „herrschende soziale Bewusstsein" beruft. Ebenso *Madrid Conesa*, La legalidad del delito, 1983, S. 226 ff, 232, der auf die Risiken solcher Formeln in multikulturellen Gemeinschaften hinweist.

117 Zu Recht führt *Cortés Bechiarelli*, Arrebato u obcecación, 1997, S. 273 f., dazu aus: „Wenn es aus kriminalpolitischen Gründen für nötig erachtet wird, die Wirkung dieses Strafmilderungsgrunds [...] unter Berücksichtigung [...] [der] ethisch-sozialen Qualität [des Anreizes] zu begrenzen, dann sollte dies trotz aller damit verbundenen praktischen Schwierigkeiten durch eine Ergänzung des Art. 21.3 geschehen. Auf diese Weise bliebe zwar ein wesentlicher Bereich des Strafmilderungsgrunds ausgeklammert, immerhin wäre aber der Gesetzlichkeitsgrundsatz gewahrt [...] Anderenfalls würde ein höchstpersönliches Moralurteil in die Hände des Rechtsanwenders gelegt, von dem in letzter Instanz die Zuerkennung einer Strafmilderung [...] abhängt".

und verfahrensrechtlicher Nachprüfbarkeit genügt.[118] Positiv zu bewerten ist nach diesem Maßstab Art. 22.3 spanStGB, der eine Strafschärfung vorsieht, wenn „die Ausführung der Tat gegen Bezahlung, Belohnung oder ein Versprechen“ erfolgt. Zwar liegt das materielle Unrecht der Tat in einem besonders verwerflichen subjektiven Beweggrund,[119] seine Feststellung ist aber an objektive Anhaltspunkte mit deskriptivem Charakter gebunden und daher verfahrensrechtlich nachweisbar und kontrollierbar. In anderer Hinsicht wirft die Norm allerdings auch Fragen auf. So müsste zunächst geklärt werden, ob diese Beweggründe („Bezahlung, Belohnung oder ein Versprechen“) nach den heutigen ethisch-sozialen Werthaltungen überhaupt noch als strafschärfendes Unrecht gelten können. Falls dies bejaht wird, so ist zu beantworten, ob diese Beweggründe in den allgemeinen Katalog der Strafschärfungsgründe gehören oder besser nur bestimmten Straftatbeständen vorbehalten bleiben sollten. Darauf kann hier jedoch nicht weiter eingegangen werden. Im Rahmen dieser Schrift soll lediglich am Beispiel von Art. 22.3 spanStGB dargelegt werden, dass subjektive Merkmale dann nicht zu Rechtsunsicherheit führen, wenn sie durch objektive Kriterien feststellbar und damit handhabbar gemacht werden.

---

118 Damit der Richter entscheiden kann, aber auch seine Entscheidung nachprüfbar wird, vgl. *Madrid Conesa*, La legalidad del delito, 1983, S. 190 f.

119 Vgl. *Alonso Álamo*, El sistema de las circunstancias del delito, 1981, S. 651 f. Ebenso siehe *Cerezo Mir*, PG III, S. 159 f., der „bestimmte Leistungen wie immaterielle, sexuelle, usw.“ ausschließt; *Cobo del Rosal / Vives Antón*, PG, S. 896; *Mir Puig*, PG, S. 617, 621. Anderer Ansicht *Muñoz Conde / García Arán*, PG, S. 489, die auch in solchen Leistungen bedeutende Anreize zur Tatbegehung sehen. Ebenso *Mir Puig*, PG, S. 623.

Übersetzung der angeführten Artikel des spanischen StGB

Art. 4.3. „Ebenso ist der Regierung, unbeschadet der alsbaldigen Vollstreckung des Urteils, Vorlage bezüglich der Aufhebung oder Änderung der Vorschrift oder der Begnadigung zu machen, wenn die strikte Anwendung der Bestimmungen des Gesetzes zur Bestrafung einer Handlung oder Unterlassung führt, die nach Auffassung des Richters oder Gerichts nicht strafbar sein sollte, oder wenn die Strafe unter Berücksichtigung des durch die Straftat verursachten Übels und der persönlichen Umstände des Angeklagten als offensichtlich zu hoch erscheint".

Art. 11. „Die Straftaten oder Übertretungen, die in der Herbeiführung eines Erfolgs bestehen, werden nur dann als durch Unterlassung begangen angesehen, wenn dessen Nichtvermeidung unter Verletzung einer besonderen Rechtspflicht des Täters nach dem Sinn des Gesetzestextes der Verursachung gleichsteht. Insoweit ist die Unterlassung der Handlung gleichzustellen:

a) Wenn eine besondere gesetzliche oder vertragliche Verpflichtung zum Handeln vorliegt.

b) Wenn der Unterlassende durch eine vorausgegangene Handlung oder Unterlassung eine Gefahrenlage für das rechtlich geschützte Gut geschaffen hat".

Art. 12. „Fahrlässige Handlungen oder Unterlassungen werden nur bestraft, wenn das Gesetz dies ausdrücklich bestimmt".

Art. 16.1. „Versuch liegt vor, wenn der Täter die Ausführung der Straftat unmittelbar durch äußere Handlungen beginnt und alle oder einen Teil der Handlungen vornimmt, die objektiv den Erfolg herbeiführen würden, dieser jedoch aus Gründen, die vom Willen des Täters unabhängig sind, nicht eintritt".

Art. 20. „Strafrechtlich nicht verantwortlich ist:

1. Wer zur Zeit der Begehung der strafbaren Handlung aufgrund einer psychischen Anomalie oder Störung nicht in der Lage ist, das Unrecht der Tat einzusehen oder nach dieser Einsicht zu handeln.

Eine vorübergehende psychische Störung schließt die strafrechtliche Verantwortlichkeit nicht aus, wenn sie von dem Täter in der Absicht herbeigeführt wurde, die Straftat zu begehen, oder er die Begehung vorgesehen hatte oder hätte vorsehen müssen.

3. Wer seit der Geburt oder Kindheit an Störungen der Wahrnehmungsfähigkeit leidet und daher ein erheblich gestörtes Bewusstsein von der Wirklichkeit hat.

5. Wer im Notstand, um eigenes oder fremdes Übel zu vermeiden, das Rechtsgut einer anderen Person verletzt oder gegen eine Pflicht verstößt, sofern die folgenden Voraussetzungen vorliegen:

Erstens. Das verursachte Übel darf nicht größer sein als dasjenige, um dessen Vermeidung es geht.

Zweitens: Der Notstand darf durch den Täter nicht absichtlich provoziert worden sein.

Drittens: Der in Not Befindliche darf nicht aufgrund seines Berufs oder Amtes verpflichtet sein, sich aufzuopfern.

6. Wer aufgrund unüberwindlicher Angst handelt.

7. Wer in Erfüllung seiner Pflicht oder in rechtmäßiger Ausübung seines Rechts, einer beruflichen Tätigkeit oder eines Amtes handelt".

Art. 21. „Mildernde Umstände sind:

3. Das Handeln aus Gründen oder Antrieben, die so übermächtig sind, dass sie zu Jähzorn, Verblendung oder einem ähnlich schwerwiegenden Erregungszustand geführt haben.

4. Dass der Täter die Straftat bei einer Behörde gestanden hat, bevor er weiß, dass das gerichtliche Verfahren sich gegen ihn richtet.

6. Jeder andere Umstand mit einer den vorhergehenden Umständen entsprechenden Bedeutung".

Art. 22. „Erschwerende Umstände sind:

1. Die heimtückische Ausführung der Tat.

Heimtücke liegt vor, wenn der Täter irgendeine Straftat gegen Personen begeht und bei der Ausführung Mittel, Methoden oder Formen anwendet, die unmittelbar oder ausdrücklich darauf gerichtet sind, die Ausführung ohne Gefahr für die eigene Person zu gewährleisten, die durch die von dem Verletzten ausgehende Verteidigung entstehen könnte.

2. Die Ausführung der Tat mittels Verkleidung, unter Missbrauch von Überlegenheit, Ausnutzung der örtlichen oder zeitlichen Gegebenheiten oder der Hilfe anderer Personen, welche die Verteidigung des Verletzten erschwert oder dem Täter das Entkommen erleichtert.

3. Die Ausführung der Tat gegen Bezahlung, Belohnung oder ein Versprechen.

4. Die Begehung der Straftat aus rassistischen, antisemitischen oder sonst diskriminierenden Beweggründen in Bezug auf die Weltanschauung, Religion oder Überzeugungen des Opfers oder aufgrund der Ethnie, Rasse oder Nation, der es angehört, wegen seines Geschlechts, seiner sexuellen Orientierung oder der Krankheit oder Behinderung, an der es leidet.

5. Die absichtliche oder unmenschliche Steigerung der Leiden des Opfers unter Verursachung von Schmerzen, die für die Ausführung der Straftat unnötig sind.

6. Das Handeln unter Missbrauch eines besonderen Vertrauens".

Art. 23. „Dass der Geschädigte Ehegatte des Täters oder einer Person ist, mit der dieser durch eine entsprechend feste, auf Zuneigung beruhende Beziehung verbunden ist, oder leiblicher oder adoptierter Vorfahre, Abkömmling oder Geschwister, Verschwägerter desselben Grades, bildet einen Umstand, der die Verantwortlichkeit entsprechend der Art, den Beweggründen und Auswirkungen der Straftat mindern oder steigern kann".

Art. 27. „Für Straftaten und Übertretungen sind die Täter und die Gehilfen strafrechtlich verantwortlich".

Art. 28. „Täter ist, wer die Tat allein, gemeinschaftlich oder mittels eines anderen ausführt, dessen er sich als Werkzeug bedient.

Ebenfalls als Täter ist anzusehen:

a) Wer einen anderen oder andere unmittelbar zur Ausführung anstiftet.

b) Wer an der Ausführung durch eine Handlung mitwirkt, ohne die sie nicht verwirklicht worden wäre".

Art. 29. „Gehilfe ist, wer, ohne vom vorhergehenden Artikel erfasst zu sein, an der Ausführung der Tat durch vorausgehende oder gleichzeitige Handlungen mitwirkt".

Art. 139. „Mit Gefängnis von fünfzehn bis zu zwanzig Jahren wird als Mörder bestraft, wer einen anderen unter einem der folgenden Umstände tötet:

1. mit Heimtücke

2. gegen eine Bezahlung, Belohnung oder ein Versprechen

3. mit Grausamkeit, unter absichtlicher und unmenschlicher Steigerung des Schmerzes des Verletzten".

Art. 311. „Mit Gefängnis von sechs Monaten bis zu drei Jahren und Geldstrafe von sechs bis zu zwölf Monaten wird bestraft:

1. Wer durch Täuschung oder Ausnutzung einer Notlage die bei ihm beschäftigten Arbeitnehmer Arbeits- oder Sozialversicherungsbedingungen aussetzt, welche die ihnen aufgrund von gesetzlichen Vorschriften, Tarifverträgen oder Einzelverträgen zustehenden Rechte beeinträchtigen, aufheben oder beschränken.

2. Wer im Falle der Unternehmensübertragung in Kenntnis der im vorhergehenden Absatz beschriebenen Vorgehensweisen die durch einen anderen geschaffenen genannten Bedingungen aufrechterhält.

3. Werden die in den vorhergehenden Absätzen beschriebenen Vorgehensweisen mit Gewalt gegen Personen oder Einschüchterung ausgeübt, sind die entsprechend höheren Strafen zu verhängen".

Art. 312.1. „Mit Gefängnis von zwei bis zu fünf Jahren und Geldstrafe von sechs bis zu zwölf Monaten wird bestraft, wer auf gesetzwidrige Weise mit Arbeitskräften Handel treibt.

2. Dieselbe Strafe verwirken diejenigen, die Personen anwerben oder sie dazu bewegen, ihre Arbeitsstelle aufzugeben, indem sie ihnen eine Beschäftigung oder betrügerische oder falsche Arbeitsbedingungen anbieten, und diejenigen, die ausländische Staatsbürger ohne Arbeitserlaubnis unter Bedingungen anstellen, welche die ihnen aufgrund von gesetzlichen Vorschriften, Tarifverträgen oder Einzelverträgen zustehenden Rechte beeinträchtigen, aufheben oder beschränken".

Art. 313.1. „Wer durch sein Verhalten die heimliche Immigration von Arbeitnehmern nach Spanien betreibt oder fördert, wird mit der im vorhergehenden Artikel angedrohten Strafe bestraft".

Art. 314. „Diejenigen, die eine Person in Zusammenhang mit einem öffentlichen oder privaten Anstellungsverhältnis aufgrund ihrer Weltanschauung, Religion oder Ansichten, ihrer Zugehörigkeit zu einer Ethnie, Rasse oder Nation, ihres Geschlechts, ihrer sexuellen Orientierung, familiären Situation, Krankheit oder Behinderung, wegen der Wahrnehmung der gesetzlichen oder gewerkschaftlichen Arbeitnehmervertretung, wegen ihrer Verwandtschaft mit anderen Arbeitnehmern im Unternehmen oder der Verwendung einer der offiziellen Sprachen des spanischen Staates schwerwiegend benachteiligen und die Situation der Gleichheit vor dem Gesetz auch nach einer Aufforderung durch die Verwaltung oder einer Verwaltungssanktion nicht dadurch wiederherstellen, dass sie die wirtschaftlichen Schäden, die sich daraus ergeben haben, wiedergutmachen, werden mit Gefängnis von sechs Monaten bis zu zwei Jahren oder Geldstrafe von sechs bis zu zwölf Monaten bestraft“.

Art. 315. 1. „Mit Gefängnis von sechs Monaten bis zu drei Jahren und Geldstrafe von sechs bis zu zwölf Monaten wird bestraft, wer durch Täuschung oder unter Ausnutzung einer Notlage die Ausübung der gewerkschaftlichen Freiheit oder des Streikrechts verhindert oder beschränkt.

2. Werden die im vorhergehenden Absatz beschriebenen Verhaltensweisen mit Gewalt gegen Sachen oder Personen oder Einschüchterung ausgeübt, sind die im Grad höheren Strafen zu verhängen.

3. Die Strafen des zweiten Absatzes werden denjenigen auferlegt, die, als Gruppe oder einzeln, aber im Einvernehmen mit anderen handelnd, andere Personen dazu nötigen, einen Streik zu beginnen oder fortzusetzen“.

Art. 316. „Wer unter Verstoß gegen die Vorschriften zur Verhütung von Gefahren am Arbeitsplatz und trotz gesetzlicher Verpflichtung nicht die erforderlichen Mittel bereitstellt, damit die Arbeitnehmer ihre Tätigkeit unter angemessenen Sicherheits- und Hygienevorkehrungen ausüben können, und so deren Leben, Gesundheit und körperliche Unversehrtheit schwer gefährdet, wird mit Gefängnis von sechs Monaten bis zu drei Jahren und Geldstrafe von sechs bis zu zwölf Monaten bestraft“.

Art. 317. „Wird die Straftat, auf die sich der vorhergehende Artikel bezieht, durch schwere Fahrlässigkeit begangen, ist sie mit der entsprechend niedrigeren Strafe zu bestrafen“.

Art. 318 bis. 1. „Diejenigen, die illegalen Menschenhandel oder die illegale Einwanderung aus, durch oder nach Spanien oder in ein anderes Land der Europäischen Union betreiben, fördern oder erleichtern, werden mit Gefängnis von vier bis zu acht Jahren bestraft.

2. Ist der Zweck des illegalen Menschenhandelns oder der illegalen Einwanderung die sexuelle Ausbeutung der Personen, wird als Strafe Gefängnis von fünf bis zu zehn Jahren verhängt.

3. Diejenigen, die die im vorhergehenden Absatz beschriebenen Verhaltensweisen mit Bereicherungsabsicht, unter Einsatz von Gewalt gegen Personen, Einschüchterung oder Täuschung oder unter Ausnutzung ihrer Überlegenheit oder Notlage des Opfers ausüben, oder wenn das Opfer minderjährig oder unzurechnungsfähig ist, oder wenn das Leben, die Gesundheit oder die Unversehrtheit von Personen gefährdet werden, werden mit den entsprechenden Strafen aus der oberen Hälfte bestraft.

4. Die Strafen des vorhergehenden Absatzes und zusätzlich die absolute Untauglichkeitserklärung für die Dauer von sechs bis zu zwölf Jahren verwirken diejenigen, die

die Taten unter Ausnutzung ihrer Eigenschaft als Amtsträger, dessen Vertreter oder als Beamte begehen.

5. Die jeweils im Grad höheren Strafen als die in den vorhergehenden Absätzen angedrohten und zusätzlich die besondere Untauglichkeitserklärung von Beruf, Betrieb oder Geschäft für die Dauer der Strafe werden verhängt, wenn derjenige, der die Tat begangen hat, einer Organisation oder Vereinigung, einschließlich einer vorübergehenden, angehört, die sich der Begehung solcher Taten widmet.

Handelt es sich um den Chef, den Verwalter oder den Zuständigen für solche Organisationen, dann wird die Strafe aus der oberen Hälfte verhängt, die um einen Grad erhöht werden kann.

In diesen Fällen kann das Gericht eine oder mehrere der in Art. 129 StGB vorgesehenen Maßnahmen anordnen.

6. Das Gericht kann angesichts der Schwere der Tat, ihrer Umstände, der Umstände des Handelnden und seiner Absicht die in den verschiedenen Absätzen vorgesehenen Strafen um einen Grad verringern".

Art. 320.1. „Der Amtsträger oder Beamte, der in Kenntnis von deren Rechtswidrigkeit zu Bauvorhaben oder der Erteilung von Genehmigungen, die den geltenden Bauvorschriften widersprechen, ein zustimmendes Gutachten abgegeben hat, wird mit der in Art. 404 dieses Gesetzbuchs festgelegten Strafe und zusätzlich mit Gefängnis von sechs Monaten bis zu zwei Jahren oder Geldstrafe von zwölf bis zu vierundzwanzig Monaten bestraft.

2. Mit denselben Strafen wird der Amtsträger oder Beamte bestraft, der selbst oder als Mitglied eines Kollegialorgans zugunsten der Erteilung, deren Rechtswidrigkeit ihm bekannt war, entschieden oder für sie gestimmt hat".

Art. 329.1. „Der Amtsträger oder Beamte, der wissentlich zur Erteilung einer offenkundig gesetzwidrigen Erlaubnis ein zustimmendes Gutachten abgegeben hat, mit der das Betreiben der verunreinigenden Gewerbe oder Tätigkeiten genehmigt wird, auf die sich die vorhergehenden Artikel beziehen, oder der anlässlich von Kontrollen den Verstoß gegen allgemeine Gesetze oder rechtliche Bestimmungen, die diese Gewerbe oder Tätigkeiten regeln, verschwiegen hat, wird mit der in Art. 404 dieses Gesetzbuchs festgelegten Strafe und zusätzlich mit Gefängnis von sechs Monaten bis zu drei Jahren oder Geldstrafe von acht bis zu vierundzwanzig Monaten bestraft.

2. Mit denselben Strafen wird der Amtsträger oder Beamte bestraft, der selbst oder als Mitglied eines Kollegialorgans zugunsten der Erteilung, deren Rechtswidrigkeit ihm bekannt war, entschieden oder für sie gestimmt hat".

Art. 331. „Die in diesem Kapitel aufgeführten Taten werden gegebenenfalls mit der entsprechend niedrigeren Strafe geahndet, wenn sie durch schwere Fahrlässigkeit begangen wurden".

Art. 367. „Wurden die in den vorhergehenden Artikeln aufgeführten Taten durch schwere Fahrlässigkeit begangen, sind jeweils die im Grad niedrigeren Strafen zu verhängen".

Art. 368. „Wer Handlungen des Anbaus, der Verarbeitung oder des Handeltreibens ausführt oder auf andere Weise den gesetzwidrigen Konsum von giftigen Drogen, Betäubungsmitteln oder psychotropen Substanzen veranlasst, fördert oder erleichtert oder sie zu diesen Zwecken besitzt, wird mit Gefängnis von drei bis zu neun Jahren und Geldstrafe in Höhe des Wertes der Droge, die Gegenstand der Straftat war, bis zu dessen dreifacher Höhe bestraft, wenn es sich um Substanzen oder Produkte handelt, die schwere Gesundheitsschäden verursachen, sowie mit Gefängnis von einem bis zu drei Jahren und Geldstrafe in Höhe des Wertes bis zu dessen zweifacher Höhe in den übrigen Fällen".

Art. 404. „Der Amtsträger oder Beamte, der im Wissen um deren Rechtswidrigkeit in einer Verwaltungsangelegenheit eine willkürliche Entscheidung zulässt, wird mit der besonderen Untauglichkeitserklärung für eine öffentliche Anstellung oder ein öffentliches Amt für die Dauer von sieben bis zu zehn Jahren bestraft".

Art. 446. „Der Richter, der wissentlich ein rechtswidriges Urteil oder eine rechtswidrige Entscheidung erlässt, wird bestraft:

1. Mit Gefängnis von einem Jahr bis zu vier Jahren, wenn es sich um ein rechtswidriges Urteil gegen den Angeklagten in einem Strafverfahren wegen einer Straftat handelt und das Urteil noch nicht vollstreckt wurde, und mit derselben Strafe aus deren oberer Hälfte und Geldstrafe von zwölf bis zu vierundzwanzig Monaten, wenn es vollstreckt wurde. In beiden Fällen ist zusätzlich die absolute Untauglichkeitserklärung für die Dauer von zehn bis zu zwanzig Jahren zu verhängen.

2. Mit Geldstrafe von sechs bis zu zwölf Monaten und der besonderen Untauglichkeitserklärung für eine öffentliche Anstellung oder ein öffentliches Amt für die Dauer von sieben bis zu zehn Jahren, wenn es sich um ein rechtswidriges Urteil handelt, das gegen den Angeklagten in einem Verfahren wegen einer Übertretung ergangen ist.

3. Mit Geldstrafe von zwölf bis zu vierundzwanzig Monaten und der besonderen Untauglichkeitserklärung für eine öffentliche Anstellung oder ein öffentliches Amt für die Dauer von zehn bis zu zwanzig Jahren, wenn er ein anderweitiges Urteil oder eine andere rechtswidrige Entscheidung erlassen hat".

Art. 447. „Der Richter, der durch schwere Fahrlässigkeit oder in unentschuldbarer Unkenntnis ein offensichtlich rechtswidriges Urteil oder eine offensichtlich rechtswidrige Entscheidung erlässt, verwirkt die besondere Untauglichkeitserklärung für eine öffentliche Anstellung oder ein öffentliches Amt für die Dauer von zwei bis zu sechs Jahren".

Art. 576.1. „1. Mit Gefängnis von fünf bis zu zehn Jahren und Geldstrafe von achtzehn bis zu vierundzwanzig Monaten wird bestraft, wer eine Mitwirkungshandlung zu den Tätigkeiten oder Zielen einer bewaffneten Bande, terroristischen Organisation oder Gruppe ausführt, darum ersucht oder sie erleichtert.

2. Mitwirkungshandlungen sind die Information über oder die Überwachung von Personen, Gütern oder Anlagen; die Errichtung, Herrichtung, Überlassung oder Verwendung von Unterkünften oder Anlagen; die Errichtung, Herrichtung, Überlassung oder Verwendung von Unterkünften oder Lagern; das Verbergen oder die Verbringung von Personen, die mit den bewaffneten Banden, terroristischen Organisation oder Gruppen in Verbindung stehen; das Organisieren von Ausbildungsübungen oder die Teilnahme daran und allgemein jede andere entsprechende Form der finanziellen oder andersartigen Mitwirkung bei, Hilfe zu oder Vermittlung von Tätigkeiten der genannten bewaffneten Banden, terroristischen Organisationen oder Gruppen.

Gefährdet die im vorhergehenden Absatz erwähnte Information über oder die Überwachung von Personen deren Leben, körperliche Unversehrtheit, Freiheit oder Vermögen, ist die in Abs. 1 angedrohte Strafe aus der oberen Hälfte zu verhängen. Verwirklicht sich die genannte Gefahr, ist die Tat, je nach Fall, als Mittäterschaft oder Beihilfe zu bestrafen".

Literaturverzeichnis

ACALE SÁNCHEZ, María: Salud pública y drogas tóxicas, Valencia 2002.

ACHENBACH, Hans: Individuelle Zurechnung, Verantwortlichkeit, Schuld, in: Grundfragen des modernen Strafrechtssystems, Berlin/New York 1984, S. 135.

AGUADO LÓPEZ, Sara: El delito contra la seguridad en el trabajo: artículos 316 y 317 del Código penal, Valencia 2002.

ALASTUEY Dobón / MARÍA DEL Carmen: El ámbito de aplicación del artículo 329 CP: examen de sus conductas típicas, RDPC 2002/9, 11.

ALCÁCER GUIRAO, Rafael: La tentativa inidónea. Fundamento de punición y configuración del injusto, Granada 2000.

ALEXY, Robert: Teoría de la argumentación jurídica. La teoría del discurso racional como teoría de la fundamentación jurídica, Madrid 1989.

– Die juristische Argumentation als rationaler Diskurs, in: Elemente einer juristischen Begründungslehre, Baden-Baden 2003, S. 113.

ALONSO ÁLAMO, Mercedes: El sistema de las circunstancias del delito. Estudio general, Valladolid 1981.

AMELUNG, Knut: Strafrechtswissenschaft und Strafgesetzgebung, ZStW 92 (1980), 19.

– Zur Kritik des kriminalpolitischen Strafrechtssystems von Roxin, in: Grundfragen des modernen Strafrechtssystems, Berlin/New York 1984, S. 85.

ARROYO ZAPATERO, Luis: Manual de Derecho penal del trabajo, Barcelona 1988.

ATIENZA, Manuel: Contribución a una teoría de la legislación, Madrid 1997.

BALDÓ LAVILLA, Francisco: Estado de necesidad y legítima defensa, Barcelona 1994.

– Observaciones metodológicas sobre la construcción de la teoría del delito, in: Política criminal y nuevo Derecho penal. Libro homenaje a Claus Roxin, Barcelona 1997, S. 357.

BARTOLI, Roberto: Colpevolezza: tra personalismo e prevenzione, Torino 2005.

BAYLOS GRAU, Antonio / TERRADILLOS BASOCO, Juan: Derecho penal del trabajo, 2. Aufl., Madrid 1997.

BELING, Ernst: Die Lehre vom Verbrechen, Tübingen 1906.

BENDER, Rolf: Die Sprache des Gesetzes, ein Problem der Verständlichkeit und der Regelungstechnik, in: Rationalisierung der Gesetzgebung, Baden-Baden 1984, S. 45.

BERNAL DEL CASTILLO, Jesús: Algunas reflexiones sobre el principio de ponderación de intereses en el estado de necesidad, in: El nuevo Derecho penal español. Estudios penales en memoria del Profesor José Manuel Valle Muñiz, Elcano 2001, S. 81.

BINDING, Karl: Das Subjekt des Verbrechens und die Satzungen des Vorentwurfs zu einem deutschen Strafgesetzbuch über die Teilnahme, GS 76 (1910), 87.

BOIX REIG, Javier: Consideraciones sobre los delitos relativos al tráfico de drogas, in: Delitos contra la salud pública y contrabando, CGPJ 2000, S. 383.

BOLDOVA PASAMAR, Miguel Ángel: La comunicabilidad de las circunstancias y la participación delictiva, Madrid 1995.

– Tenencia y consumo de drogas: los límites de las prohibiciones en el Derecho español, AP 2000/2, Rn. 437.

– Extinción de la responsabilidad penal, in: Tratado de las consecuencias jurídicas del delito, Valencia 2006, S. 399.

CASTIÑEIRA PALOU, María Teresa: División de las leyes, in: La forma de las leyes. 10 estudios de técnica legislativa, Barcelona 1986, S. 105.

CEREZO MIR, José: Culpabilidad y pena, ADPCP 1980, 347.

– Die Stellung von Rechtfertigung und Entschuldigung im Verbrechenssystem aus spanischer Sicht, in: Rechtfertigung und Entschuldigung III, Freiburg im Breisgau 1991, S. 9.

– Curso de Derecho penal español. Parte general I. Introducción, 4. Aufl., Madrid 1994.

– Der materielle Schuldbegriff, ZStW 108 (1996), 9.

– Curso de Derecho penal español. Parte general II. Teoría jurídica del delito, 6. Aufl., Madrid 1998.

– La regulación del iter criminis y la concepción de lo injusto en el nuevo Código penal español, RDPC 1998/1, 13.

– Los delitos de peligro abstracto en el ámbito del Derecho penal del riesgo, RDPC 2000/10, 47.

– Täterschaft und Teilnahme im neuen spanischen Strafgesetzbuch von 1995, in: Festschrift für Claus Roxin, Berlin/New York 2001, S. 549.

– Curso de Derecho penal español. Parte general III. Teoría jurídica del delito, Madrid 2001.

– Curso de Derecho penal español. Parte general I. Introducción, 6. Aufl., Madrid 2004.

COBO DEL ROSAL, Manuel / VIVES ANTÓN, Tomás S.: Derecho penal. Parte general, 5. Aufl., Valencia 1999.

CORTÉS BECHIARELLI, Emilio: Arrebato u obcecación, Madrid, 1997.

– Art. 4, in: Comentarios al Código penal, Band I, Madrid 1999.

COUSO SALAS, Jaime: Fundamentos del Derecho penal de la culpabilidad, Valencia 2006.

CUELLO CONTRERAS, Joaquín: Elemento objetivo y elemento subjetivo de las causas de justificación, in: El nuevo Derecho penal español. Estudios penales en memoria del Profesor José Manuel Valle Muñiz, Elcano 2001, S. 147.

CUERDA ARNAU, María Luisa: El miedo insuperable. Su delimitación frente al estado de necesidad, Valencia 1997.

CUERDA RIEZU, Antonio: La colisión de deberes en Derecho penal, Madrid 1984.

– El legislador y el Derecho penal (una orientación a los orígenes), Madrid 1991.

– Innovaciones de la más reciente doctrina constitucional sobre el principio de legalidad penal, El nuevo Derecho penal español. Estudios penales en memoria del Profesor José Manuel Valle Muñiz, Elcano 2001, S. 161.

DE LA CUESTA AGUADO, Paz M.: Culpabilidad, exigibilidad y razones para la exculpación, Madrid 2003.

DECKERT, Martina R.: Zur Methodik der Folgenantizipation in der Gesetzgebung, Zeitschrift für Gesetzgebung, 1995/10, 240.

DÍAZ Y GARCÍA CONLLEDO, Miguel: La autoría en Derecho penal, Barcelona 1991.

– Un sistema del Derecho penal en evaluación, RDPC 1998/2, 381.

– ¿Es necesaria la cooperación necesaria?, in: La Ciencia del Derecho penal ante el nuevo siglo. Libro homenaje al Prof. Dr. José Cerezo Mir, Madrid, 2002, S. 641.

DÍEZ RIPOLLÉS, José Luis: Los elementos subjetivos del delito. Bases metodológicas, Valencia 1990.

– Las circunstancias genéricas modificativas de la responsabilidad criminal en el proyecto de Código penal de 1992, La Ley 1993/2, 899.

– Alternativas a la actual legislación sobre drogas, in: La actual política criminal sobre drogas. Una perspectiva comparada, Valencia 1993, S. 583.

– La categoría de la antijuridicidad en Derecho penal, in: Causas de justificación y de atipicidad en Derecho penal, Pamplona 1995, S. 87.

– El bien jurídico protegido en un Derecho penal garantista, Jueces para la Democracia, 1997/30, 10.

– El Derecho penal simbólico y los efectos de la pena, AP 2001, Rn. 1.

– Un modelo dinámico de legislación penal, in: La Ciencia del Derecho penal ante el nuevo siglo. Libro homenaje al Prof. Dr. José Cerezo Mir, Madrid, 2002, S. 291.

DURÁN SECO, Isabel: Reflexiones sobre la coautoría en los supuestos del tirón, RDPC 2000/6, 439.

ESCAJEDO SAN EPIFANIO, Leire: Art. 317 CP: un delito imprudente de peligro relativo a la vida, la integridad física o la salud de las personas, AP 2000, Rn. 803.

– Infracciones extrapenales "cualificadas" en el Código penal español de 1995: problemas de interpretación, RDPC 2000/5, 11.

FARRÉ TREPAT, Elena: La tentativa de delito. Doctrina y jurisprudencia, Barcelona 1996.

FEIJÓO SÁNCHEZ, Bernardo: La imprudencia en el Código penal de 1995 (cuestiones de "lege data" y de "lege ferenda"), CPC 1997/62, 303.

– La distinción entre dolo e imprudencia en los delitos de resultado lesivo. Sobre la normativización del dolo, CPC 1998/5, 269.

FLORES MENDOZA, Fátima: El error sobre las circunstancias modificativas de la responsabilidad criminal en el ordenamiento jurídico español, Granada 2004.

FRISCH, Wolfgang: Grund- und Grenzprobleme des sog. subjektiven Rechtfertigungselements, in: Festschrift für Karl Lackner, Berlin/New York 1987, S. 113 ff.

FRISTER, Helmut: Die Struktur des „voluntativen Schuldelements": Zugleich eine Analyse des Verhältnisses von Schuld und positiver Generalprävention, Berlin 1993.

GARCÍA ARÁN, Mercedes: Culpabilidad, legitimación y proceso, ADPCP 1988, 71.

– Remisiones normativas, leyes penales en blanco y estructura de la norma penal, Estudios penales y criminológicos 1993, 63.

– Fundamentos y aplicación de penas y medidas de seguridad en el Código penal de 1995, Pamplona 1997.

– El llamado principio de culpabilidad: ¿No hay pena sin culpabilidad?, in: El nuevo Derecho penal español. Estudios penales en memoria del Profesor José Manuel Valle Muñiz, Elcano 2001, S. 401.

GIL GIL, Alicia: La ausencia del elemento subjetivo de justificación, Granada 2002.

– Lo subjetivo en la fundamentación y en la exclusión de lo injusto, RDPC 2005/15, 95.

GIMBERNAT ORDEIG, Enrique: Autor y cómplice en Derecho penal, Madrid 1966.

– Introducción a la parte general del Derecho penal español, Madrid 1979.

– Estudios de Derecho penal, 3. Aufl., Madrid 1990.

– Algunos aspectos de la reciente doctrina jurisprudencial sobre los delitos contra la vida (dolo eventual, relación parricidio-asesinato), ADPCP 1990, 421.

– Rechtfertigung und Entschuldigung bei Befreiung aus besonderen Notlagen (Notwehr, Notstand, Pflichtenkollision) im spanischen Strafrecht, in: Rechtfertigung und Entschuldigung III, Freiburg im Breisgau 1991, S. 71.

– Concepto y método de la Ciencia del Derecho penal, Madrid 1999.

– Ensayos penales, Madrid 1999.

– Prólogo a la segunda edición, in: Código penal, LO 10/1995, de 23 noviembre, 12. Aufl., Tecnos, Madrid 2006, S. 51.

GÓMEZ BENÍTEZ, José Manuel: El ejercicio legítimo del cargo, Madrid 1980.

– Teoría jurídica del delito. Derecho penal. Parte general, Madrid 1984.

GÓMEZ-JARA DÍEZ, Carlos: La culpabilidad penal en la empresa, Madrid-Barcelona 2005.

GÓMEZ RIVERO, Carmen: La inducción a cometer el delito, Valencia 1995.

– Regulación de las formas de participación intentada y de la autoría y participación, La Ley 1996/1, 1624.

GONZÁLEZ CUSSAC, José Luis: Teoría general de las circunstancias modificativas de la responsabilidad criminal, Valencia 1998.

– Presente y futuro de las circunstancias modificativas, in: Circunstancias modificativas de la responsabilidad criminal, CDJ 1995, 13.

GRACIA MARTÍN, Luis: Política criminal y dogmática jurídico penal del proceso de reforma penal en España, AP 1994/1, Rn. 345.

GÜNTHER, Hans-Ludwig: Die Genese eines Straftatbestandes, JuS 1978, 8.

– Strafrechtswidrigkeit und Strafunrechtsausschluss: Studien zu Rechtswidrigkeit als Straftatmerkmal und zur Funktion der Rechtfertigungsgründe im Strafrecht, Köln 1983.

GÜNTHER, Klaus: Schuld und kommunikative Freiheit, Frankfurt am Main, 2004.

HEGHMANNS, Michael: Überlegungen zum Unrecht von Beihilfe und Anstiftung, GA 2000, 473.

HERNÁNDEZ PLASENCIA, José Ulises: La autoría mediata en Derecho penal, Granada 1996.

HIGUERA GUIMERÁ, Juan Felipe: La eximente de miedo insuperable en el Derecho penal común y militar español, Barcelona 1991.

HILL, Hermann: Einführung in die Gesetzgebungslehre, Jura 1986, 57.

HIRSCH, Hans Joachim: Kommentierung zu § 34 StGB in Jähnke u.a. (Hrsg.), Leipziger Kommentar zum Strafgesetzbuch: Großkommentar, 11. Aufl., Berlin/New York 1994.

– Das Schuldprinzip und seine Funktion im Strafrecht, ZStW 106 (1994), 746.

– La posición de la justificación y de la exculpación en la teoría del delito desde la perspectiva alemana, Bogotá 1996.

– Acerca del estado actual de la discusión sobre el concepto de bien jurídico, in: Modernas tendencias en la Ciencia del Derecho penal y en la Criminología, Madrid 2001, S. 371.

HOYER, Andreas: Strafrechtsdogmatik nach Armin Kaufmann, Berlin, 1997.

– Zur Differenzierung zwischen Erfolgs-, Handlungs- und Unrechtszurechnung, GA 2006, 298.

HUERTA TOCILDO, Susana: Sobre el contenido de la antijuridicidad, Madrid 1984.

JÄHNKE, Burkhard: Kommentierung zu § 20 StGB in Jähnke u.a. (Hrsg.), Leipziger Kommentar zum Strafgesetzbuch: Großkommentar, 11. Aufl., Berlin/New York 2003.

JAKOBS, Günther: Schuld und Prävention, Tübingen 1976.

– Strafrecht. Allgemeiner Teil. Die Grundlagen und die Zurechnungslehre, 2. Aufl., Berlin-New York 1991.

– Das Schuldprinzip, Düsseldorf 1993.

– Das Strafrecht zwischen Funktionalismus und alteuropäischem Prinzipiendenken, ZStW 107 (1995), 843.

– Estudios de Derecho penal, Madrid 1997.

JARASS, Hans D. / PIEROTH, Bodo: Grundgesetz für die Bundesrepublik Deutschland – Kommentar, 8. Aufl., München 2006.

JESCHECK, Hans-Heinrich / WEIGEND, Thomas: Lehrbuch des Strafrechts. Allgemeiner Teil, 5. Aufl., Berlin 1996.

JOSHI JUBERT, Ujala: Los delitos de tráfico de drogas I. Un estudio analítico del art. 368 CP, Barcelona 1999.

KAUFMANN, Armin: Strafrechtsdogmatik zwischen Sein und Wert, Köln-Berlin-Bonn-München 1982.

KINDHÄUSER, Urs: Rechtstreue als Schuldkategorie, ZStW 107 (1995), 701.

KIRCHNER, Pere / ANDÚGAR, Pere Ferrán: Reglas de citas, in: La forma de las leyes. 10 estudios de técnica legislativa, Barcelona 1996, S. 243.

KLUG, Ulrich: Die verständliche Norm, in: Rationalisierung der Gesetzgebung, Baden-Baden 1984, S. 35.

KÖLBEL, Ralf: Über die Wirkung außerstrafrechtlicher Normen auf die Strafrechtsauslegung, GA 2002, 403.

KÜHL, Kristian: Strafrecht. Allgemeiner Teil, 4. Aufl., München 2002.

– Freiheit und Solidarität bei den Notrechten, in: Festschrift für Hans Joachim Hirsch, Berlin/New York 1999, S. 259.

LASCURAÍN SÁNCHEZ, Juan Antonio: Art. 311, in: Compendio de Derecho penal (parte especial). Volumen II, Madrid 1998.

LAURENZO COPELLO, Patricia: Dolo y conocimiento, Valencia 1999.

LENCKNER, Theodor: Strafgesetzgebung in Vergangenheit und Gegenwart, in: Tradition und Fortschritt im Recht, Tübingen 1977, S. 239.

LÓPEZ PEREGRÍN, María del Carmen: La complicidad en el delito, Valencia 1997.

LÜCKE, Jörg: Die allgemeine Gesetzgebungsordnung, Zeitschrift für Gesetzgebung, 2001/16, 1.

LUZÓN PEÑA, Diego Manuel: La relación del merecimiento de pena y de la necesidad de pena con la estructura del delito, in: Causas de justificación y de atipicidad en Derecho penal, Pamplona 1995, S. 199.

– Curso de Derecho penal. Parte general I, Madrid 1996.

– Observaciones sobre culpabilidad y pena en el Código penal español de 1995, in: El nuevo Código penal: presupuestos y fundamentos. Libro homenaje al Profesor Doctor Don Ángel Torío López, Granada 1999, S. 161.

– Aspectos esenciales de la legítima defensa, 2. Aufl., Montevideo-Buenos Aires 2002.

MADRID CONESA, Fulgencio: La legalidad del delito, Valencia, 1983.

MAIHOFER, Werner: Gesetzgebungswissenschaft, in: Gesetzgebung. Kritische Überlegungen zur Gesetzgebungslehre und zur Gesetzgebungstechnik, Wien/New York 1981, S. 3.

MAQUEDA ABREU, María Luisa: Jurisprudencia penal e interpretación teleológica en materia de drogas, La Ley 1998/5, 1551.

MARTÍNEZ GARAY, Lucía: Aproximación histórica al surgimiento del concepto de imputabilidad subjetiva en la doctrina penal alemana, RDPC 2001/8, 37.

MARTÍNEZ-BUJÁN PÉREZ, Carlos: Derecho penal económico, Valencia 2002.

MELENDO PARDOS, Mariano: El concepto material de culpabilidad y el principio de inexigibilidad, Granada 2002.

MIR PUIG, Santiago: Observaciones a los Títulos preliminar y primero del proyecto de Código penal, RFDUC 1980 (monográfico 3), 39.

– Derecho penal. Parte general, 7. Aufl., Barcelona 2004.

– Límites del normativismo en Derecho penal, in: Studi in onore di Giorgio Marinucci, Milan 2006, S. 455.

MITSCH, Wolfgang: Fahrlässigkeit und Straftatsystem, JuS 2001, 105.

MOLINA FERNÁNDEZ, Fernando: El estado de necesidad como ley general, RDPC 2000/extraordinario 1, 199.

– Antijuridicidad penal y sistema del delito, Barcelona 2001.

MORALES PRATS, Fermín: Art. 20.1, in: Comentarios al nuevo Código penal, 4. Aufl., Cizur menor 2005.

MUÑOZ CONDE, Francisco: Introducción in: Claus Roxin: Política criminal y sistema del Derecho Penal, trad. castellana e introducción de Francisco Muñoz Conde, Barcelona 1972, S. 5.

– Über den materiellen Schuldbegriff, GA 1978, 65.

– Culpabilidad y prevención general, in: Derecho penal y ciencias sociales, Bellaterra 1982, S. 161.

– Bases para una teoría del error orientada a las consecuencias, in: Estudios penales en memoria del Prof. Agustín Fernández-Albor, Santiago de Compostela 1989, S. 521.

– Prólogo in: José Luís Díez Ripollés: Los elementos subjetivos del delito. Bases metodológicas, Valencia 1990, S. 9.

– Rechtsvergleichende Gesamtbetrachtung, in: Rechtfertigung und Entschuldigung III, Freiburg im Breisgau 1991, S. 375.

– Problemas de autoría y participación en el Derecho penal económico, o ¿cómo imputar a título de autores a las personas que, sin realizar acciones ejecutivas, deciden la realización de un delito en el ámbito de la delincuencia económica empresarial?, in: Derecho penal económico. Manuales de formación continuada, CGPJ 2001/14, S. 181.

– Derecho penal. Parte especial, 15 Aufl., Valencia 2004.

MUÑOZ CONDE, Francisco / GARCÍA ARÁN, Mercedes: Derecho penal. Parte general, 6. Aufl., Valencia 2004.

NAVARRO CARDOSO, Fernando: Los delitos contra los derechos de los trabajadores, Valencia 1998.

NAVARRO FRÍAS, Irene: Principio de legalidad y el llamado delito de colaboración con banda armada: La nueva amenaza de una cuestión jurídica no bien resuelta en la STC 136/1999, Anales de la Facultad de Derecho de la Universidad de La Laguna 2003, Rn. 99.

– Técnica legislativa y tipicidad penal, im Erscheinen.

NIETO MARTÍN, Adán: El conocimiento del Derecho, Barecelona 1999.

– Straftaten gegen die Recht der Arbeitnehmer, in: Wirtschaftsstrafrecht in der Europäischen Union. Freiburg-Symposium, Köln/Berlin/Bonn/München 2002, S. 213.

NOLL, Peter: Gesetzgebungslehre, Reinbek 1973.

OCTAVIO DE TOLEDO Y UBIETO, Emilio: Función y límites del principio de exclusiva protección de bienes jurídicos, ADPCP 1990, 5.

OLMEDO CARDENETE, Miguel: La inducción como forma de participación accesoria, Madrid 1999.

PALAZZO, Francesco: Corso di Diritto penale. Parte generale, Torino 2005.

PAREDES CASTAÑÓN, José Manuel: El riesgo permitido en Derecho penal. Régimen jurídico-penal de las actividades peligrosas, Madrid 1995.

– Los delitos de peligro como técnica de incriminación en el Derecho penal económico: bases político-criminales, RDPC 2003/11, 95.

PAWLIK, Michael: Der rechtfertigende Notstand, Berlin/New York 2002.

PEÑARANDA RAMOS, Enrique: La participación en el delito y el principio de accesoriedad, Madrid 1990.

PÉREZ ALONSO, Esteban Juan: Teoría general de las circunstancias, Madrid 1995.

– La coautoría y la complicidad (necesaria) en Derecho penal, Granada 1998.

PÉREZ MANZANO, Mercedes: Culpabilidad y prevención, Madrid 1990.

– Delitos contra los derechos de los trabajadores, Relaciones laborales 1997/I, 270.

– Autoría y participación imprudente en el Código penal de 1995, Madrid 1999.

POLAINO NAVARRETE, Miguel: Art. 22.2, in: Comentarios al Código penal, Band II, Madrid 1999.

PRATS CANUT, Josep Miquel: La culpabilidad: principio y categoría dogmática, in: El nuevo Derecho penal español. Estudios penales en memoria del Profesor José Manuel Valle Muñiz, Elcano 2001, S. 615.

QUINTANAR DÍEZ, Manuel: La eximente de miedo insuperable, Madrid 1998.

QUINTERO OLIVARES, Gonzalo/Morales Prats, Fermín/Prats Canut, José M.: Manual de Derecho penal. Parte general, 3. Aufl., Pamplona 2002.

– Art. 4, in: Comentarios al nuevo Código penal, 4. Aufl., Cizur menor 2005.

RAGUÉS I VALLÈS, Ramón: El dolo y su prueba en el proceso penal, Barcelona 1999.

RATH, Jürgen: Das subjektive Rechtfertigungselement, Berlin 2002.

REY HUIDOBRO, Luis Fernando: El delito de tráfico de drogas, Valencia 1999.

RODRÍGUEZ MOURULLO, Gonzalo: Art. 15, in: Comentarios a la Constitución española de 1978, Band II, 3. Aufl., Madrid 1997.

– Art. 1–4, in: Comentarios al Código penal, Band I, Madrid 1999.

ROMEO CASABONA, Carlos María: El médico y el Derecho penal, Barcelona 1981.

– El anteproyecto de Código penal de 1992, in: Presupuestos para la reforma penal, La Laguna 1992, S. 7.

– Los delitos contra la salud pública: ¿ofrecen una protección adecuada de los consumidores?, RDP 2001/4, 13.

– La intimidad y los datos de carácter personal como derechos fundamentales y como bienes jurídicos personalmente protegidos, in: Estudios jurídicos en memoria de José María Lidón, Bilbao 2002, S. 513.

– La peligrosidad y el peligro en la estructura del tipo del delito imprudente, in: La Ciencia del Derecho penal ante el nuevo siglo. Libro homenaje al Prof. Dr. José Cerezo Mir, Madrid, 2002, S. 941.

– Delito imprudente y técnica legislativa. Un estudio comparado, RPCP 2002/12, 131.

ROPERO CARRASCO, Julia: La provocación del estado de necesidad en Derecho penal, Granada 2002.

ROSO CAÑADILLAS, Raquel: Autoría y participación imprudente, Granada 2002.

ROXIN, Claus: Kriminalpolitik und Strafrechtssystem, 2 Aufl., Berlin/New York 1973.

– Unterlassung, Vorsatz und Fahrlässigkeit, Versuch und Teilnahme im neuen Strafgesetzbuch, JuS 1973, 329.

– Teoría del tipo penal. Tipos abiertos y elementos del deber jurídico, Buenos Aires 1979.

– Política criminal y estructura del delito, Barcelona 1992.

– Strafrecht. Allgemeiner Teil. Band I. Grundlagen. Aufbau der Verbrechenslehre, 3. Aufl., München 1997.

– Täterschaft und Tatherrschaft, 7. Aufl., Berlin 2000.

– Normativismus, Kriminalpolitik und Empirie in der Strafrechtsdogmatik, in: Festschrift für Ernst-Joachim Lampe, Berlin 2003, S. 423.

– Das strafrechtliche Unrecht im Spannungsfeld von Rechtsgüterschutz und individueller Freiheit, ZStW 116 (2004), 929.

RUDOLPHI, Hans-Joachim: Rechtfertigungsgründe im Strafrecht, in: Gedächtnisschrift für Armin Kaufmann, Köln 1989, S. 371.

– Der Zweck staatlichen Strafrechts und die strafrechtlichen Zurechnungsformen, in: Grundfragen des modernen Strafrechtssystems, 1984, S. 69.

RUÍZ-GIMÉNEZ CORTÉS, Joaquín: Art. 10, in: Comentarios a la Constitución española de 1978, Band II, 3. Aufl., Madrid 1997.

SÁINZ-CANTERO CAPARRÓS, José Eduardo: La ‹‹codelincuencia›› en los delitos imprudentes en el Código penal de 1995, Madrid/Barcelona 2001.

SALINERO PÉREZ, Carmen: Teoría general de las circunstancias modificativas de la responsabilidad criminal y artículo 66 del Código penal, Granada 2000.

SALVADOR CODERCH, Pablo: Las remisiones, in: La forma de las leyes. 10 estudios de técnica legislativa, Barcelona 1986, S. 221.

SÁNCHEZ GARCÍA, María Isabel: Ejercicio legítimo del cargo y uso de armas por la autoridad, Barcelona 1995.

SÁNCHEZ LÁZARO, Fernando Guanarteme: Intervención delictiva e imprudencia, Granada 2004.

– El concepto de trabajador en el Derecho penal español, RDPC 2004/13, 11.

– Hacia la superación de la teoría de la imputación objetiva del resultado. Traducción de una concepción personal de lo injusto en términos de imputación, ADPCP 2005, 421 ff.

– Strafbarkeit nicht voll zurechenbarer Rechtsgutsverletzungen nach Versuchsgrundsätzen im Fahrlässigkeitsbereich, GA 2005, 700.

– Política criminal y técnica legislativa, Granada 2007.

SANZ MORÁN, Ángel: Elementos subjetivos de justificación, Barcelona 1993.

SCHÖNKE / SCHRÖDER Strafgesetzbuch Kommentar, 26. Aufl., München 2001.

SCHROEDER, Friedrich-Christian: Die sprachliche Formulierung von Strafvorschriften, in: Gedächtnisschrift für Heinz Zipf, Heidelberg 1999, S. 153.

SCHUBARTH, Martin: Das Verhältnis von Strafrechtswissenschaft und Gesetzgebung im Wirtschaftstrafrecht, ZStW 92 (1980), S. 80.

SCHÜNEMANN, Bernd: Einführung in das strafrechtliche Systemdenken, in: Grundfragen des modernen Strafrechtssystems, Berlin/New York 1984, S. 1.

– Die Funktion des Schuldprinzips im Präventionsstrafrecht, in: Grundfragen des modernen Strafrechtssystems, Berlin/New York 1984, S. 153.

– La política criminal y el sistema de Derecho penal, ADPCP 1991, 693.

– La función de la delimitación de injusto y culpabilidad, in: Fundamentos de un sistema europeo del Derecho penal: libro homenaje a Claus Roxin, Barcelona 1995, S. 205.

– Sistema del Derecho penal y victimodogmática, in: La Ciencia del Derecho penal ante el nuevo siglo. Libro homenaje al Prof. Dr. José Cerezo Mir, Madrid, 2002, S. 159.

SILVA SÁNCHEZ, Jesús María: Sobre el estado de necesidad en el Derecho penal español, ADPCP 1982, 663.

– Aproximación al Derecho penal contemporáneo, Barcelona 1992.

– Política criminal en la dogmática: algunas cuestiones sobre su contenido y límites, in: Política criminal y nuevo Derecho penal. Libro homenaje a Claus Roxin, Barcelona 1997, S. 17.

– El nuevo Código penal: cinco cuestiones fundamentales, Barcelona 1997.

– Delitos contra el medio ambiente, Valencia 1999.

– Reflexiones sobre las bases de la política criminal, in: El nuevo Código penal: presupuestos y fundamentos. Libro homenaje al Profesor Doctor Don Ángel Torío López, Granada 1999, S. 209.

– La expansión del Derecho penal. Aspectos de la política criminal en las sociedades postindustriales, 2. Aufl., Madrid 2001.

– Retos científicos y retos políticos de la Ciencia del Derecho penal, RDPC 2002/9, 83.

SOLA RECHE, Esteban: La llamada „tentativa inidónea“ de delito, Granada, 1996.

SOTO NAVARRO, Susana: La protección penal de los bienes colectivos en la sociedad moderna, Granada, 2003.

STÄCHELIN, Gregor: Strafgesetzgebung im Verfassungsstaat, Berlin, 1998.

STRATENWERTH, Günter: Buchbesprechungen: Roxin, Claus: Kriminalpolitik und Strafrechtssystem, MschrKrim 1972, 197.

– El futuro del principio jurídico penal de culpabilidad, Madrid 1980.

STURM, Friedrich: Das unvollendete fahrlässige Delikt, ZStW 59 (1940), 23.

SUÁREZ MONTES, Rodrigo Fabio: Reflexiones en torno al injusto penal, in: Causas de justificación y de atipicidad en Derecho penal, Pamplona 1995, S. 187.

Systematischer Kommentar zum Strafgesetzbuch, Bd. I, 7. Aufl., Neuwied/Kriftel/Berlin 2003.

TAMARIT SUMALLA, Josep María: Art. 316, in: Comentarios a la Parte especial del Derecho penal, 4. Aufl., Pamplona 2004.

– Culpabilidad, maldad e imputabilidad: aportaciones de la dogmática penal a la cultura jurídica europea, RDPC 2006/17, 183.

TERRADILLOS BASOCO, Juan: Derecho penal de la empresa, Madrid 1995.

– Delitos relativos a la protección del patrimonio histórico y del medio ambiente, in: Derecho penal del medio ambiente, Madrid 1997, S. 35.

TORÍO LÓPEZ, Ángel: Las fórmulas legislativas sobre la enfermedad mental. Discusión del concepto de „enajenación", in: Estudios jurídicos en honor del Profesor Octavio Pérez Vitoria, Band II, Barcelona 1983, S. 967.

– Indicaciones para una concepción dualista de la tentativa, in: Presupuestos para la reforma penal, La Laguna 1992, S. 170.

– Prólogo in: María Isabel Sánchez García: Ejercicio legítimo del cargo y uso de armas por la autoridad, Barcelona 1995, S. 19.

– Elementos teleológicos y científicos en el tipo del injusto, in: El nuevo Derecho penal español. Estudios penales en memoria del Profesor José Manuel Valle Muñiz, Elcano 2001, S. 817.

TRAPERO BARREALES, María A.: Los elementos subjetivos en las causas de justificación y de atipicidad penal, Granada 2000.

TRIFFTERER, Otto: Welche Aufgaben hat eine Gesetzgebungstheorie in der Rechtswissenschaft?, in: Gedächtnisschrift für Horst Schröder, München 1978, S. 505.

URRUELA MORA, Asier: Imputabilidad penal y anomalía o alteración psíquica, Bilbao/Granada 2004.

VALLE MUÑIZ, José Manuel: El elemento subjetivo de justificación y la graduación del injusto penal, Barcelona 1994.

VALLE MUÑIZ, José Manuel/Morales García, Oscar: Art. 368, in: Comentarios a la parte especial del Derecho penal, 4. Aufl., Elcano 2004.

VARONA GÓMEZ, Daniel: El miedo insuperable: una reconstrucción de la eximente desde una teoría de la justicia, Granada 2000.

– El miedo insuperable: ¿una eximente necesaria? Una reconstrucción de la eximente desde una teoría de la justicia, RDPC 2001/7, 139.

VIGANÒ, Francesco: Stato di necesita e conflitti di doveri, Milano 2000.

VIVES ANTÓN, Tomás S.: El principio de culpabilidad, in: La Ciencia del Derecho penal ante el nuevo siglo. Libro homenaje al Prof. Dr. José Cerezo Mir, Madrid, 2002, S. 211.

VOGEL, Joachim: Juristische Methodik, Berlin 1998.

– Strafgesetzgebung und Strafrechtswissenschaft – Überlegungen zu einer diskurstheoretischen Strafgesetzgebungslehre, in: Festschrift für Claus Roxin, Berlin/New York 2001, S. 105.

– Individuelle Verantwortlichkeit im Völkerstrafrecht. Zugleich ein Beitrag zu den Regelungsmodellen der Beteiligung, ZStW 114 (2002), 403.

VOLK, Klaus: Tendenzen zur Einheitstäterschaft – Die verborgene Macht des Einheitstäterbegriffs, in: Festschrift für Claus Roxin, Berlin/New York 2001, S. 563.

WOLTER, Jürgen: Objektive und personale Zurechnung zum Unrecht. Zugleich ein Beitrag zur aberratio ictus, in: Grundfragen des modernen Strafrechtssystems, Berlin/New York 1984, S. 103.

Kolibri 360 GmbH
Ferdinand-Jühlke-Straße 7
99095 Erfurt, Deutschland
produktsicherheit@kolibri360.de